... dieses Buch gehört .....

dieses Buch gehört ....
.... dieses Buch gehört ...... dieses Bu

Dieses Buch widme ich den burmesischen Flüchtlingskindern
und allen, die mich unterstützen und mir ermöglichen, das Kind in mir zu bewahren.

Pia Pedevilla

# Alles ist zum Basteln da!

Über 200 Ideen für Weihnachten

# Inhaltsverzeichnis

Von Aluprägefolie bis Zierborte – alles ist zum Basteln da. Ob für Advent, Weihnachten, Silvester oder Winter, hier findest du über 200 fröhlich-bunte Ideen. Vom Baumschmuck über Fensterketten bis hin zu raffinierten Geschenken – in den über 40 Themenbereichen des Buches ist für jeden, ob Klein oder Groß, die passende Idee dabei, um Festtagsstimmung ins Zuhause zu bringen oder anderen eine Freude zu machen.

Dabei entdeckst du verschiedenste Basteltechniken und findest viele Möglichkeiten, wie du Muster und Farben variieren kannst. Du kannst die Basteleien wie abgebildet nachbasteln oder du stellst verschiedene Muster, Farben und Formen zusammen und erschaffst so deine eigene Kollektion an Weihnachts- und Winterbasteleien.

Das kreative Gestalten ist dank der Tipps auf den Seiten 7 und 8 sowie der vielen Schritt-für-Schritt-Fotos auch für Ungeübte ein Leichtes. Im hinteren Buchteil findest du für viele der Motive Vorlagen in Originalgröße, sodass du gleich loslegen kannst. Ein Geschenke-Blitzfinder auf den Seiten 140 und 141 hilft dir bei der Auswahl der passenden Überraschung für deine Verwandten und Freunde.

Ich wünsche dir viel Spaß beim Basteln und Gestalten.

Deine Pip Pedevilla

# Deine Grundausstattung

Diese Materialien und Hilfmittel brauchst du für fast alle Projekte:

Festes Transparentpapier, Bleistift, Grafitpapier, Klebefilm und Kugelschreiber für Schablonen und zum Übertragen von Vorlagen

Häkelnadel zum Durchziehen von Fäden

Anspitzer und Radiergummi

Prickelnadel zum Stechen von Löchern

Nadel und Nähgarn zum Anbringen von Aufhängungen

Lineal, Geometriedreieck zum Messen und Zeichnen

Wattestäbchen für Punkte und zum Aufmalen der Wangen

Borsten- und Haarpinsel zum Malen

Schaschlikstäbchen helfen beim Bemalen, Kleben und Kringeln von Papier und Draht

Bastelschere und Nagelschere (für kleine Formen und Rundungen)

Buntstifte, Filzstifte (wasserfest bei Holz & Co) weißer Lackmalstift und Gelstift zum Gestalten der Gesichter und Malen von Mustern. Mit Buntstiften lässt sich auch schattieren

Alleskleber und Klebestift kleben fast alles. Abstandsklebekissen (gibt es auch als Band) sind beidseitig klebende Schaumstoffpads für plastische Effekte

## Das 1-2-3 des Bastelns

**1** Lege vor dem Basteln die benötigten Materialien bereit, die unter „Das brauchst du" aufgelistet sind. Zusätzlich brauchst du bei fast allen Projekten die auf dieser Seite gezeigten Hilfsmittel. Decke deinen Arbeitstisch mit Zeitungspapier ab, um Farbspritzer und Kleberflecken zu vermeiden.

**2** Lies zu Beginn die Arbeitsschritte genau durch und befolge sie in der angegebenen Reihenfolge. So musst du nicht unnötig warten, bis Kleber und Farben getrocknet sind.

**3** Räume nach dem Basteln deine Materialien immer wieder an ihren Platz. Das freut nicht nur deine Eltern, sondern hilft dir auch, beim nächsten Mal alles schnell wiederzufinden und rasch mit einem neuen Projekt starten zu können!

**Hinweis:** Die Projekte in diesem Buch sind unterteilt in
● ○ ○ leicht ● ● ○ mittel ● ● ● für Geübte
Das Zeichen „ø" bedeutet Durchmesser.

# Bastel-tipps für dich

## Schablone machen

Pause die Vorlage ohne Überschneidungen auf festes Transparentpapier ab und schneide sie aus. Fertig ist die Schablone.

## Vorlage übertragen

Lege die Schablone auf das ausgewählte Material und umfahre sie mit einem weichen Bleistift. Oder du paust die Vorlage mit Grafitpapier durch (beschichtete Seite nach oben).

## Motiv ausschneiden

Schneide die Motive mit einer Schere aus. Kleine und abgerundete Formen lassen sich leichter mit einer Nagelschere ausschneiden.

## Schattieren

Du brauchst einen etwas dunkleren Buntstift, auf gelbem Papier zum Beispiel Orange. Male vom Rand aus erst mit mehr, dann mit weniger Druck. Oder du nimmst Buntstiftabrieb, den du mit dem Finger auf die Ränder streichst.

## Motive zusammenkleben

Verwende lösungsmittelfreien Klebstoff für alle Papierarbeiten. Etwa 30 Sekunden antrocknen lassen, dann zusammendrücken. Plastischer wirkt es, wenn du Abstandsklebepads verwendest.

## Karomuster malen

Zeichne ein ca. 1 cm großes Karomuster auf und setze dann mit einer anderen Farbe Linien dazwischen. Erst dann das Motiv ausschneiden.

## Papier bemalen

Helle Muster auf dunklerem Papier male mit Gelstift oder Lackmalstift. Auf hellem Papier kannst du Filzstifte verwenden.

## Motive rahmen

Klebe das Schild oder Bild auf ein etwas größeres Stück Tonpapier und schneide es rundum mit einem ca. 2 mm breiten Rand aus (mit Schere oder Schneidemaschine).

## Schleifen binden

Ganz einfach kannst du Schleifen binden, indem du jedes Bandende zur Schlaufe legst und die Mitte mit einem dünnen Faden abbindest.

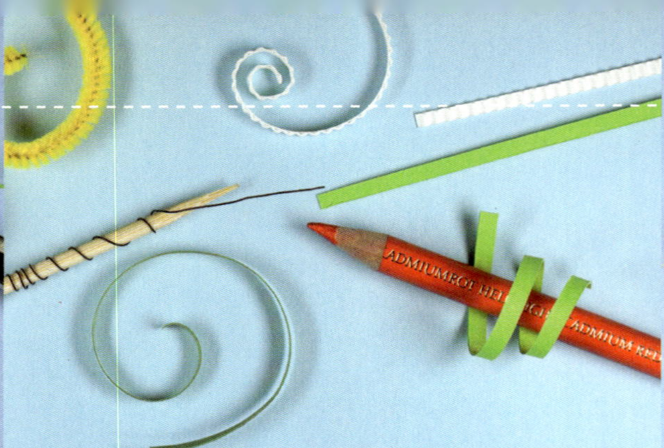

## Draht und Papier kringeln

Wickle das Material eng um ein Stäbchen oder einen Bleistift (Wellpappe entgegen dem Rillenverlauf zuschneiden). Draht nach dem Abstreifen etwas auseinanderziehen; Papier kurz festhalten, dann aufspringen lassen.

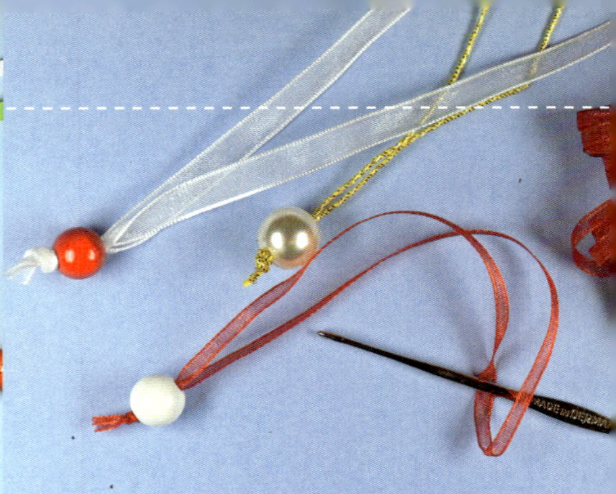

## Häkelnadel

Mit einer feinen Häkelnadel kannst du Bänder durch Perlen ziehen. Verknote das Garn und ziehe die Schlaufe mit der Häkelnadel durch das Loch.

## Glitterverzierungen

Farbige Glitzerstifte malen und kleben auf Papier, Holz, Stoff und vielem mehr. Die Farbe nach dem Auftragen gut trocknen lassen.

## Bänder ankleben

Zum Ankleben von Bändern Alleskleber mit feiner Düse verwenden. Oder du gibst etwas Klebstoff auf einen Schmierzettel und trägst ihn mit einem Zahnstocher auf die Bandrückseite auf.

## Motive ausstanzen

Zum Stanzen mit dem Motivlocher solltest du leichtes Tonpapier verwenden. Unterschiedlich große Motive kannst du wirkungsvoll aufeinanderkleben.

## Haare binden

Für Haare lege mehrere Fäden oder Haarlocken aufeinander und binde das Bündel in der Mitte mit einem passenden Faden oder Garn ab. Schneide die Fadenenden auf und klebe das Bündel mit Alleskleber fest.

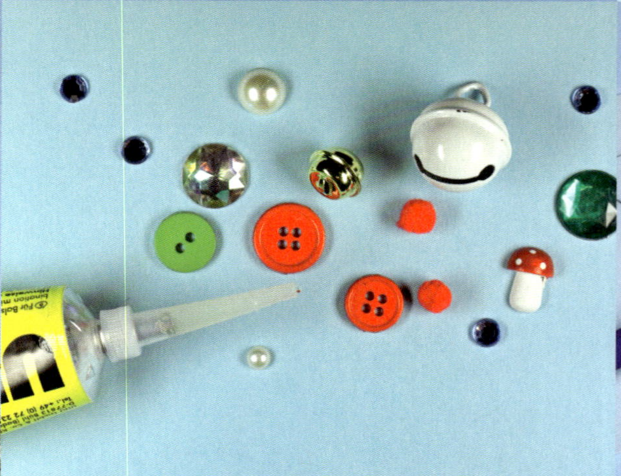

## Liebevoll verzieren

Halbperlen und Knöpfe kannst du mit Alleskleber aufkleben. Vor dem Aufkleben von Knöpfen kannst du Garn in den Knopflöchern vernähen.

## Gesichter übertragen

Zeichne die abgepausten Linien auf der Rückseite mit einem weichen Bleistift (2B) nach. Dann das Papier wenden, auflegen und alle Linien mit einem harten Bleistift (2H) nachziehen.

# Gesichter bemalen

Male die Gesichtslinien mit Bunt- und Filzstiften auf. Die Augen werden mit Filzstiften gemalt. Setze Lichtpunkte mit Lackmalstiften hinein, dann wirken sie lebendiger. Die Wangen lassen sich mit einem Wattestäbchen mit etwas Buntstiftabrieb röten. Schabe dafür mit einem Bleistiftspitzer oder einem Messer etwas Farbe von der Buntstiftspitze ab oder reibe die Stiftspitze über Schmirgelpapier.

# Advent, Advent

Noch 24 Tage bis Weihnachten. Jetzt wird es Zeit, Weihnachtsstimmung in das Haus zu holen. In diesem Kapitel findest du viele Ideen, um dein Zuhause festlich zu dekorieren. Schmuck für den Adventskranz ist ebenso dabei wie ein schön bestickter Nikolausstiefel oder stimmungsvolle Tischlichter. Die Dekorationen sind aus den unterschiedlichsten Sachen gefertigt – von Prägefolie bis Filz – sodass du nach Herzenslust mit den verschiedenen Materialien und Techniken experimentieren kannst.

Alexander (5 Jahre)

# Glitzernder Baumschmuck

**1** Pause die Vorlage auf Transparentpapier ab und befestige sie mit Klebestreifen auf der Metallfolie.

**2** Lege alles auf eine weiche Unterlage. Nun ziehe alle Linien sorgfältig und mit gleichmäßigem Druck mit einem Kugelschreiber nach.

**3** Löse die Vorlage von der Folie und ziehe die Linien noch einmal mit einem weichen, stumpfen Bleistift nach. Du kannst mit einer Prickelnadel auch noch Lochmuster stechen.

**4** Dann wende die Metallfolie, sodass die erhabenen Linien oben liegen, und schneide das Motiv aus.

**5** Klebe die Bänder auf. Stich mit der Prickelnadel ein Loch für den Aufhängefaden, zieh ihn durch und klebe den Strassstein auf.

**Das brauchst du:**

- Metallprägefolie
- dicker Filz
- Moosgummi oder Handtuch als Unterlage
- dünner Goldfaden
- Strasssteine
- Kordeln, Satin- und Organzabänder
- Federn
- Fotokarton (für Karten)

Vorlagen Seite 112

Mit Metallmotiven kannst du auch sogenannte Passepartoutkarten gestalten. Sie haben Ausschnitte in der Vorderseite. Dein Metallfolienbild sollte rundum ca. 1 cm größer als der Ausschnitt sein und wird von hinten dagegen geklebt.

# Edle Lichterhüllen

**1** Pause das gewünschte Motiv mit einem Bleistift auf Transparentpapier ab. Für gerade Linien kannst du ein Lineal verwenden.

**2** Klebe nun das Transparentpapier mit etwas Klebefilm auf das zurechtgeschnittene Papierrechteck und stich in gleichmäßigen Abständen Löcher mit der Prickelnadel entlang den Linien.

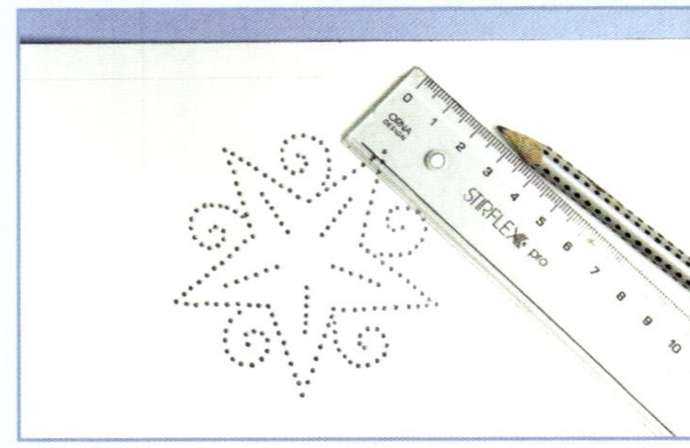

**3** Für die Bordüren oben und unten zeichne mit Lineal und Bleistift im Abstand von 1 cm Linien auf.

**4** Prickle entlang dieser Linien. Danach kannst du die noch sichtbaren Bleistiftlinien wegradieren.

**5** Wenn die Laterne fertig gestaltet ist, klebe die beiden Enden übereinander.

**6** Du kannst die Teelichter noch mit Strasssteinen schmücken. Diese klebst du entweder mit Klebstoff auf oder du verwendest selbstklebende Strasssteine.

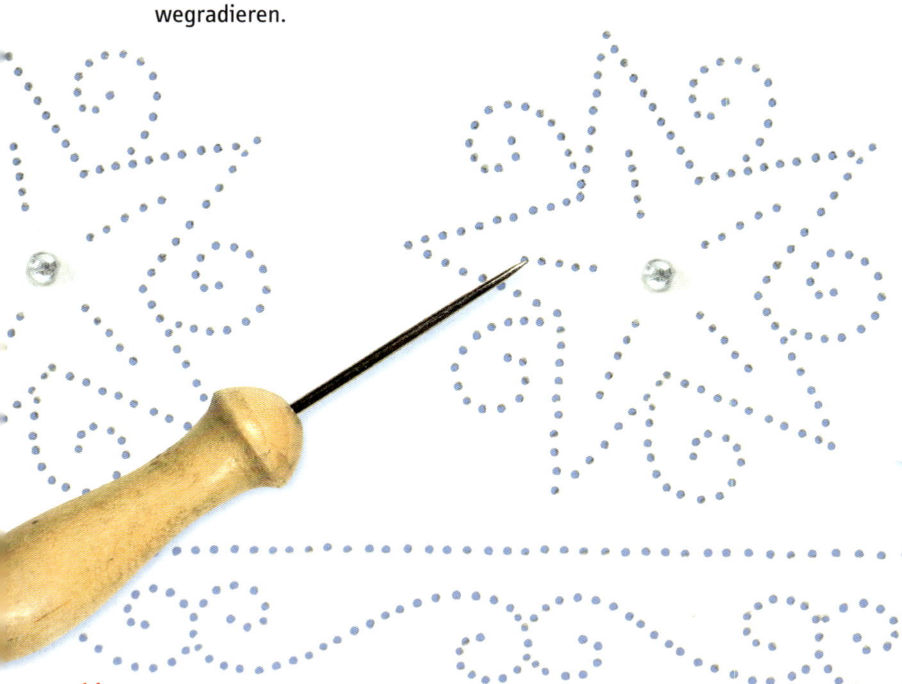

**Das brauchst du:**

- Fotokarton in Weiß
- Prickelnadel und weiche Unterlage
- Strasssteine

Vorlagen Seite 118 + 131

... schöne Lichte

Alle anderen Laternen werden wie links beschrieben gemacht. Auf den Vorlagenseiten findest du verschiedene Motive, die du kombinieren kannst. Hübsch sieht es auch aus, wenn du die Oberkante der Laterne vor dem Zusammenkleben in Form schneidest.

**.....für die Festtage .......**

# Fruchtige Dekorationen

**1** Besonders leicht gelingt diese Bastelidee mit Mandarinen, deren Schale etwas luftig um die Frucht liegt. Schneide das obere Stück der Mandarine ab.

**2** Höhle die Schale dann mithilfe eines Löffels aus. Gehe behutsam vor, damit du nicht versehentlich die Schale beschädigst.

**3** Ausschnitte mit einer Ausstechform ausstechen. Damit die Schale nicht einreißt, drücke mit den Fingern von innen gegen die Stelle. Du kannst die Mandarinen auch mit Gold- oder Perlmutt-Liner bemalen. Die Farbe gut trocknen lassen, bevor du ein Teelicht einsetzt.

Für das **Fruchtmännchen** klebe die Halbkugel als Nase auf die große Holzkugel und grundiere den Kopf hautfarben. Nach dem Trocknen male die Augen und den Mund mit wasserfesten Stiften auf und röte die Wangen mit Buntstiftabrieb. Klebe dann mit Alleskleber ein Stäbchen in das Loch der Holzkugel und lass den Kleber gut trocknen.

Für die Krone schneidest du den Papierstreifen nach Vorlage zu und klebst ihn zu einem Ring zusammen. Befestige die Engelshaare und die Krone mit etwas Kleber auf dem Kopf. Stecke den Kopf in die Frucht und binde noch das Band um den Hals.

Damit sich die Gewürze leicht in die **Mandarinen mit Nelken** einstecken lassen, stich die Löcher mit einem Schaschlikstäbchen vor. Die verzierten Mandarinen sehen nicht nur hübsch aus, sondern duften auch schön weihnachtlich.

## Das brauchst du:

- Mandarinen, Äpfel, Gewürznelken
- kleine Ausstechformen
- Rohholzhalbkugeln, ø 0,8 mm
- Holzkugeln, ø 3,5 cm (Köpfe)
- Glitterpapier (Kronen)
- Bastel- oder Acrylfarbe
- Organzaband, 6 mm breit
- Schaschlikstäbchen
- Engelshaar
- Gold- und Perlmutt-Liner

Vorlagen Seite 126

# Bunte Anhänger

**1** Übertrage die Motivteile mit Transparentpapier auf das ausgewählte Material und schneide sie aus.

**2** Hier klebst du den Draht auf der Rückseite mit Alleskleber fest. Gib eine dünne Klebstofflinie auf das Papier (ggf. mit einem Schaschlikstäbchen auftragen) und drücke den Draht auf.

**3** Drehe dann die Form um, gib etwas Klebstoff auf die Drahtenden und klebe die Wachsperlen an die Enden fest.

**Das brauchst du:**

- Chenilledraht
- Fotokarton, Alu-Bastelfolie
- Wachsperlen, ø 8 mm
- Halbperlen, ø 5 mm
- Pompons, ø 7 mm
- Metallglöckchen, ø 2 cm
- Strass- oder Schmuckstein, ø 1,5 cm

Vorlagen Seite 122 + 123

Mit Chenilledraht kannst du die unterschiedlichsten Sachen basteln.

Die **Figuren** werden wie in der Anleitung beschrieben gemacht. Der Draht wird mal von vorne, mal von hinten festgeklebt. Du kannst ihn, wie bei der Tanne, noch mit Halbperlen bekleben. Zweifarbigen Draht erhältst du, indem du die zwei Drahtstücke miteinander verdrehst.

Das **Kristall** lässt sich am einfachsten mithilfe der Vorlage zusammenkleben. Lege die Drahtstücke aufeinander und klebe sie mit Alleskleber zusammen.

Der **Schneemannkörper** mit den Armen besteht aus einem Drahtstück, das mit einem Faden zusammengebunden wird. Die Glocke und den bunten Chenilledrahtrest festbinden und den Kopf aus Fotokarton darüberkleben.

# Schöne Baumkugeln

**1** Rühre den Tapetenkleister gemäß Herstellerangaben an. Reiße das Seidenpapier in kleine Stücke. Streiche die Kugel mit Tapetenkleister ein und klebe die Papierschnipsel einander überlappend auf. Falls der Untergrund noch durchscheint, klebe noch eine Schicht darüber.

**2** Bei Packpapier müssen die Stücke kleiner sein, damit sie gut haften. Ansonsten gehst du wie links beschrieben vor. Streiche abschließend die Kugel mit Kleister ein und lass sie trocknen.

**3** Schneide schmale Streifen und Blätter aus Wellpappe aus. Übertrage dazu die Blätterschablone auf die Rückseite der Wellpappe; beachte den Rillenverlauf.

## Das brauchst du:

- Styroporkugel, ø 7 cm
- Seidenpapier oder dünnes Packpapier
- Tapetenkleister
- feine Wellpappe
- Holzperlen, ø 1 cm und ø 6 mm
- Garn (Aufhängung)

Vorlagen Seite 115

# ...ugeln für den Weihnachtsbaum ...

**4** Klebe zuerst den Streifen um die Kugel, dann die Blätter an den Streifen.

**5** Du kannst mit Streifen und Blättern die unterschiedlichsten Muster machen.

**6** Für die Aufhängung drücke mit einem Bleistift ein Loch in die Kugel und klebe das vorbereitete Band darin fest (siehe Seite 8).

# Engelchen aus Holz

**1** Mache aus Transparentpapier Schablonen aller Motivteile. Diese legst du auf die Sperrholzplatte und zeichnest die Formen mit einem weichen Bleistift auf. Säge die Motivteile aus. Drücke das Holz fest auf den Sägetisch und führe die Säge direkt neben der vorgezeichneten Linie senkrecht und locker von oben nach unten durch das Holz.

**2** Schleife die Kanten mit dem feinen Schleifpapier nach und glätte auch die Oberfläche der Teile damit, dann lässt sich das Holz besser bemalen.

**3** Bemale die Motivteile wie abgebildet; vergiss auch die Ränder sowie die Holzhalbkugeln nicht. Lass die Farbe gut trocknen. Schleife mit Schleifpapier nochmal leicht über alle Kanten, sodass das Holz stellenweise wieder durchscheint.

**4** Dann übertrage den Schriftzug mit Transparentpapier auf das Schild und ziehe diesen mit einem blauen Permanentstift nach. Die Herzen mit einem roten wasserfesten Stift malen. Die goldenen Linien auf den Kleidern malst du mit einem Glitter-Liner. Auch hier kannst du die Muster frei Hand aufsetzen oder mit Transparentpapier und Bleistiften übertragen, bevor du sie sorgfältig nachzeichnest.

**5** Das Gesicht gestaltest du mit schwarzem und rotem Permanentstift (Augen, Mund), rosa Buntstiftabrieb (Wangen) und weißem Lackmalstift (Lichtpunkt). Klebe dann die Nase mit Leim auf.

**6** Bohre nun die Löcher in das Schild, die Hände, die Füße sowie das Herz und bringe die Teile mit Garn an. Du kannst Schild und Herz danach zusätzlich anleimen: Einfach etwas Leim auf die Rückseite geben und gut andrücken. Klebe auch den Flügel mit Holzleim fest und lass den Leim über Nacht trocknen.

**7** Für die Haare binde ein Bündel Wolle (ca. 8 cm lang) in der Mitte ab, schneide die Enden zurecht und klebe es mit Alleskleber auf den Kopf. Zuletzt knote das Band um den Hals und binde eine Schleife.

Die Engelchen machen sich in der Advents- und Weihnachtszeit sowie als Schutzengel das ganze Jahr über toll als Türschild. Du kannst das Schild verlängern und zum Beispiel einen Familiennamen oder einen anderen Gruß aufschreiben. Niedlich sind die Himmelsboten auch im Fenster. Dann solltest du auch die Rückseiten bemalen, damit die Engel von innen und außen gleich schön aussehen.

**Das brauchst du:**

- Sperrholz, 5 mm stark
- Laubsäge, Laubsägeblatt, feines Schleifpapier
- Holzhalbkugeln, ø 1,2 cm
- Acrylfarben
- Wolle
- Organzaband, 6 mm breit
- Glitter-Liner
- Permanentmarker in Blau und Rot
- Holzleim
- Garn
- Handbohrer

Vorlagen Seite 116 + 117

# Adventskranz

**Das brauchst du** (pro Engel):
- Styroporkegel, ø 7 cm, 12 cm hoch
- durchbohrte Rohholzkugeln 1 x ø 3,5 cm und 2 x ø 1,5 cm
- Rohholzhalbkugel, ø 8 mm
- Stoff
- Bastelfilz
- Kordel
- Satinband
- Wolle

Vorlagen Seite 113

**1** Zeichne die Form mithilfe einer Papierschablone auf den Stoff und schneide das Dreieck aus. Dann streichst du die Styroporform mit dem Klebestift ein und klebst das Stoffdreieck herum.

**2** Klebe den überstehenden Stoffrand unten fest. Verknote ein Kordelende und fädle die kleinen Holzperlen auf. Dann verknote auch das andere Kordelende.

**3** Klebe die Holzhalbkugel als Nase auf die große Holzperle. Klebe die Kordel für die Arme an die Unterseite der Holzkugel, bevor du den Kopf auf den Körper klebst.

**4** Mache eine Schablone vom Flügel. Zeichne die Form damit auf den Filz und schneide den Flügel aus. Für die Haare bindest du Wollfäden zusammen. Aus dem Satinband binde eine Schleife (siehe Seite 8).

**5** Klebe die Haare auf den Kopf und den Flügel hinter den Körper. Dann malst du das Gesicht auf. Röte die Wangen mit Buntstiftabrieb und male die Augen und den Mund mit einem wasserfesten Stift auf.

# Salzteig-Lichter

**1** Rolle ca. 1 cm dicke Salzteigwürste. Für die Basis brauchst du eine Kordel. Dafür zwei Würste verdrehen und auf dem Tisch glatt rollen. Bedecke das Glas mit Alufolie und setze die verschiedenen Salzteigwürste eng aneinander auf.

**2** Bedecke zwei Drittel des Glases, damit die Dekoration stabil genug ist. Mit kleinen Kugeln und Schnecken aus ganz dünnen Rollen kannst du Lücken füllen. Verzierungen drückst du mit einem Schaschlikstäbchen ein. Den Teig trocknen lassen und dann im Ofen aushärten.

**Hinweis:** Überprüfe, ob alle Teile der Windlichtdekoration gut zusammenhaften. Falls etwas nicht hält, befeuchte die Teile mit Wasser und drücke sie gut zusammen.

Aus Salzteig kannst du auch kleine Figuren für den Weihnachtsbaum machen, zum Beispiel mit Ausstechern. Das Engelchen wird aus flach gedrückten Kugeln gemacht. Für die Haare brauchst du ganz dünne Salzteigrollen.

**Das brauchst du:**

- Weizenmehl
- Salz
- Wasser
- Tapetenkleister
- Metall-Ausstechformen
- Nudelholz

## Salzteig-Rezept

- 200 g Weizenmehl
- 200 g feines Salz (in Kaffeemaschine fein gemahlen)
- ca. 125 ml Wasser
- 1–2 Teelöffel Tapetenkleister

Gib die Zutaten in eine Schüssel und verknete sie etwa zehn Minuten lang. Fülle den Teig dann in eine Plastiktüte und lass ihn zwei Stunden ruhen.

Die gut durchgetrockneten Dekorationen eine Stunde bei 75 Grad und nochmal eine halbe Stunde bei 100 Grad backen.

## Das brauchst du:

- Märchenwolle
- Filzwolle im Band (Kammzug) für die Spiralen
- Styroporkugeln, ø 7 cm
- Universal-Filznadel
- dünnes Garn
- Holzperlen, ø 1 cm
- Perlen und Stecknadeln

Einige der Kugeln haben zehnjährige Schüler der Volksschule in St. Vigil in Enneberg (Südtirol) gemacht.

# Flauschige Filzkugeln

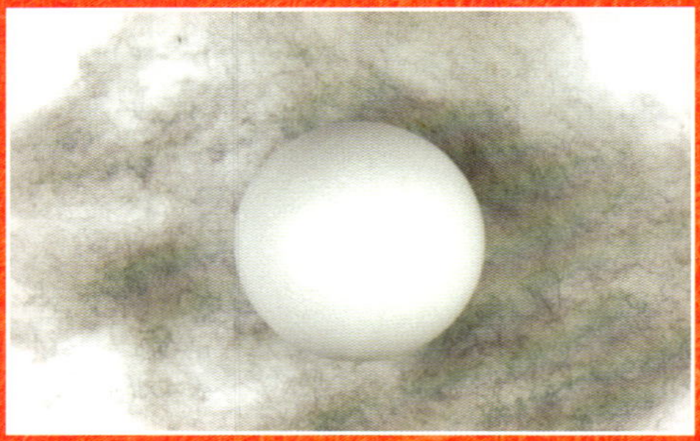

**1** Für den Untergrund eignet sich Märchenwolle. Ziehe sie flächig auseinander.

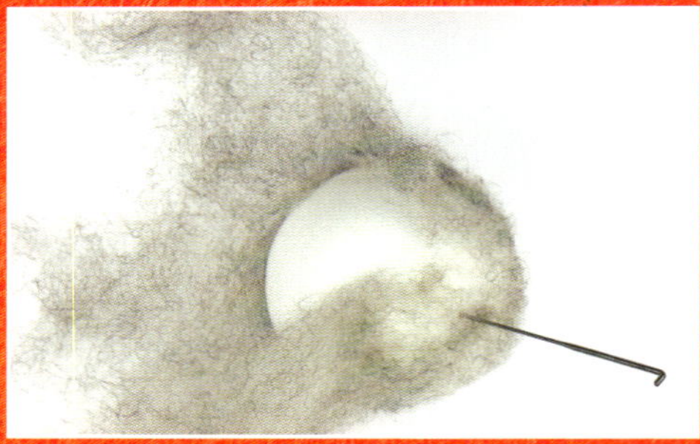

**2** Umhülle die Styroporkugel damit. Dazu stich die Wolle rundum mit der Filznadel fest. Die Wolle soll gut haften. Stich nicht zu häufig auf die gleiche Stelle, sonst zerbröselt das Styropor darunter.

**3** Nun umwickelst du die Kugel noch einmal und filzt die Wolle wieder fest. Mach das solange, bis die Kugel gleichmäßig bedeckt ist.

**4** Für die Spiralen nimm einen bleistiftdicken Strang von der Wolle im Band. Rolle diesen kurz auf dem Hosenbein vor und nadle ihn dann mit gezielten Stichen auf.

**5** Kreise kannst du so machen: Rolle ein Stück Filzwolle zu einer kleinen Kugel, drücke diese auf den Untergrund und nadle sie fest. Du kannst auch eine noch kleinere Kugel hineinfilzen und Perlen aufstecken.

**6** Für die Aufhängung verknote das Garn und ziehe es mit einer dünnen Häkelnadel durch die Perle. Drücke dann mit einem Bleistift eine Vertiefung in die Styroporkugel und klebe Knoten und Perle darin fest.

**Hinweis:** Sei achtsam im Umgang mit Filznadeln. Die Nadel ist sehr spitz! Kinder unter sechs Jahren sollten diese Bastelarbeit nicht ausführen. Halte immer ein paar Ersatznadeln bereit, falls die Nadeln doch mal abbrechen.

**Das brauchst du** (pro Engel):

- Rohholzperlen, 1 x ø 2,5 cm (Kopf), 2 x ø 8 mm (Hände) und 2 x 1 cm (Füße)
- Rohholzhalbkugel, ø 6 mm (Nase)
- Holzperlen, 3 x ø 1 cm, 1 x ø 6 mm (Körper)
- Rocailles, ø 4 mm (Arme/Beine)
- Acrylfarbe
- Glitterpapier
- Tortenspitze oder Zierbänder
- Mini-Kunsthaarlocken
- Dekofedern
- Gold- oder Silberfaden

Vorlagen Seite 135

# Engelchen

... niedliche Enge

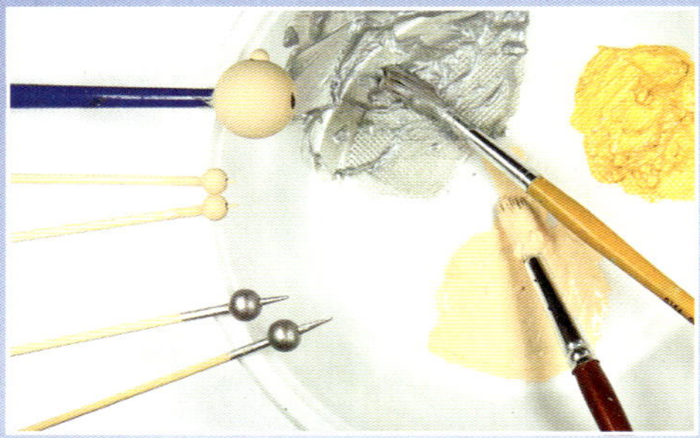

**1** Klebe die Halbkugel als Nase auf den Kopf. Stecke dann die Rohholzperlen zum Bemalen auf Schaschlikstäbchen oder Stifte. Bemale die Holzperlen für Kopf und Hände hautfarben, die für die Füße golden oder silbern.

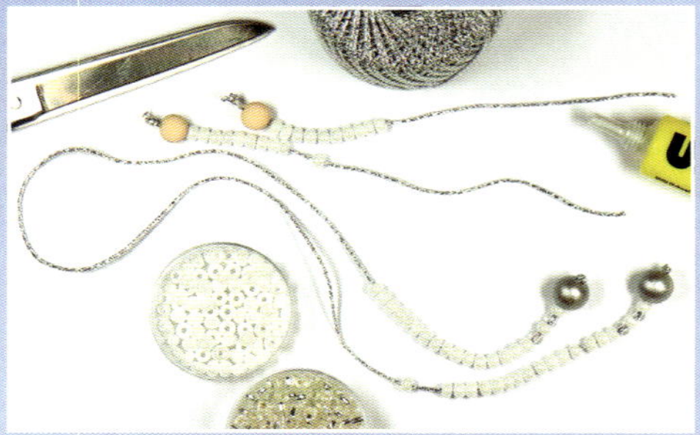

**2** Mache nun die Arme und Beine. Verknote ein Ende des Fadens und fädle für jeden Arm eine Holzperle und zehn Rocailles auf. Auf jeden Beinfaden fädle eine Holzperle und 20 Rocailles.

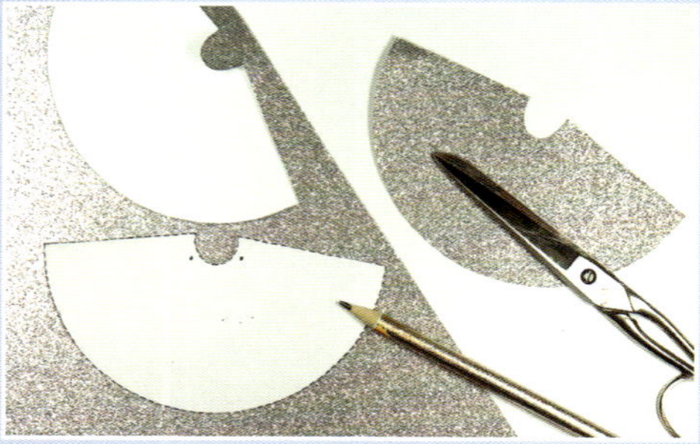

**3** Übertrage die Vorlage des Kleidchens auf Glitterpapier und schneide es aus.

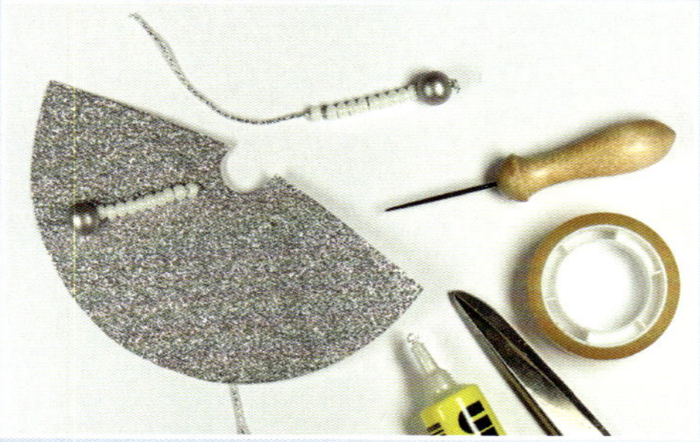

**4** Stich nun mit einer Prickelnadel zwei Löcher ins Kleid. Fädle jeweils die Fadenenden der Arme durch und klebe sie auf der Rückseite fest.

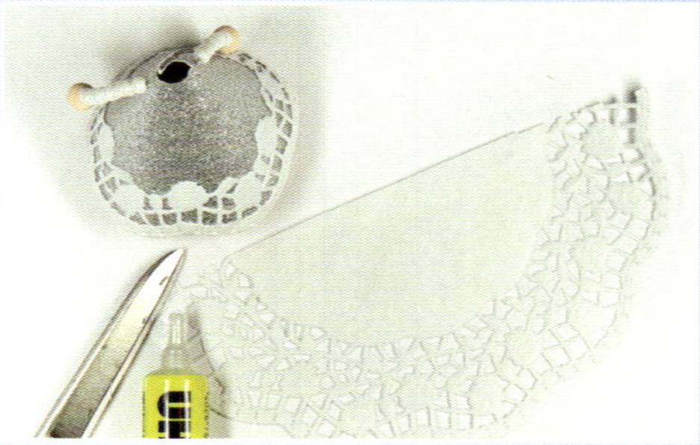

**5** Biege dann das Kleid zum Trichter und klebe die Kanten zusammen. Du kannst es auch mit einem Bürohefter zusammentackern. Die Unterkante verzierst du mit ausgeschnittenen Tortenspitzenrändern oder hübschen Bändern.

# ädchen tanzen am Weihnachtsfenster ...

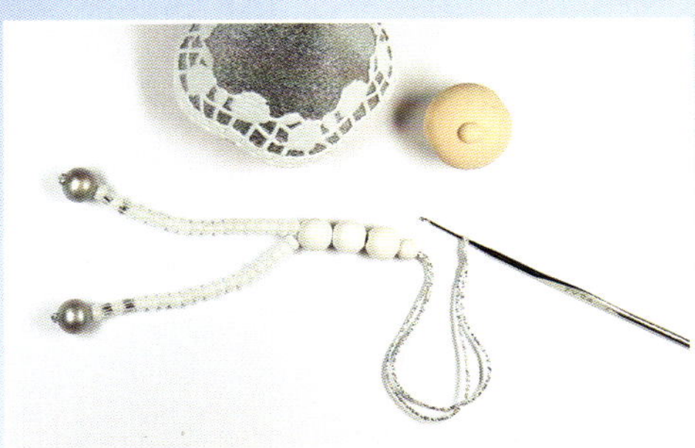

**6** Lege die beiden Fäden der Beine zusammen und fädle drei 1 cm große sowie eine 6 mm große Perle auf. Danach fädelst du das Kleid, dann den Kopf auf.

**7** Den Mund male mit einem wasserfesten dünnen Stift. Für die Wangen trage etwas Buntstiftabrieb kreisförmig mit einem Wattestäbchen auf.

**8** Für den Kragen zeichne einen Kreis, stich ein Loch in die Mitte und schneide ihn aus und bis zum Loch ein. Lege ihn unterhalb der Holzperle um den Hals. Zuletzt klebst du die Federn und die Haarlocken an.

# Kleine Filzdekorationen

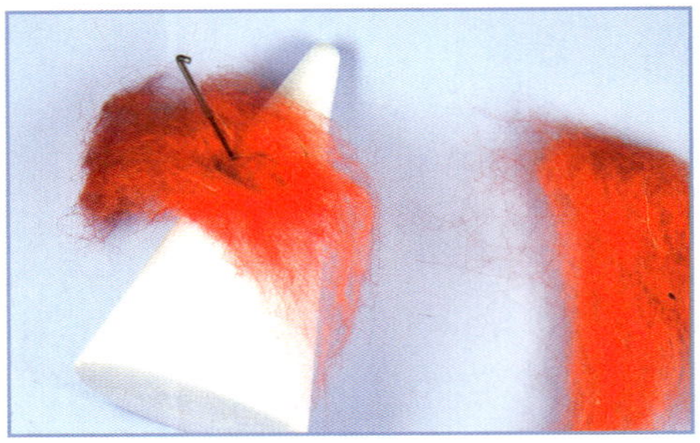

**1** Umhülle die Form zuerst mit Märchenwolle. Ziehe diese flächig auseinander, lege sie um die Form und nadle sie rundherum fest.

**2** Stich nicht zu häufig in die gleiche Stelle, sonst löst sich die Styroporform auf. Lege so lange Wolle auf, bis die Form gut bedeckt ist.

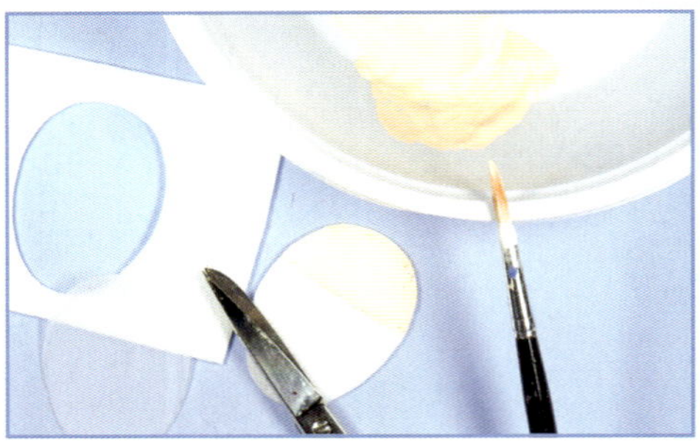

**3** Schneide den Bart aus Formfilz aus und bemale den oberen Teil mit hautfarbener Acrylfarbe.

**4** Klebe das Bartteil dann auf den Kegel, darüber ein Stück Chenilledraht und auf die obere Spitze einen weißen Pompon.

**5** Bemale dann die Holzplatine mit roter Farbe und klebe sie nach dem Trocknen zusammen mit dem Schnurrbart auf. Die Augen mit einen wasserfester Stift aufsetzen, die Wangen mit Buntstiftabrieb.

Den **Pilz** umfilzt du mit roter und weißer Märchenwolle und beklebst ihn mit weißen Pompons.

Den **Ring** hellgrün umfilzen, dann das Glasteelicht einsetzen. Die Ilexblätter aus Filz ausschneiden und zusammen mit den Pompons mit Stecknadeln anbringen.

Das **Schaf** hat ein bemaltes Gesicht aus Formfilz, eine Mütze aus Filz, Chenilledraht und einem Pompon sowie Beine aus Wolle. An jedes Bein eine Holzkugel knoten und das andere Wollende in die Kugel kleben. Dafür mit einem Bleistift ein Loch stechen, etwas Klebstoff hineingeben und die Wolle hineindrücken. Ebenso kannst du eine Aufhängung anbringen.

Das **Herz** und der **Baum** werden einfarbig umfilzt. Den Baum dann mit einem Wollstrang umwickeln, diesen mit ein paar Nadelstichen fixieren und die Pompons aufkleben.

## Das brauchst du:

- Styroporformen
- Märchenwolle
- Universal-Filznadel
- Bastelfilz, Formfilz
- Pompons, ø 7 mm und ø 2 cm
- Acrylfarbe
- Holzplatine, ø 1,2 cm
- Chenilledraht
- Karoband
- Holzperlen, ø 1 cm
- Wolle

Vorlagen Seite 115

# Vielfältige Sternendeko

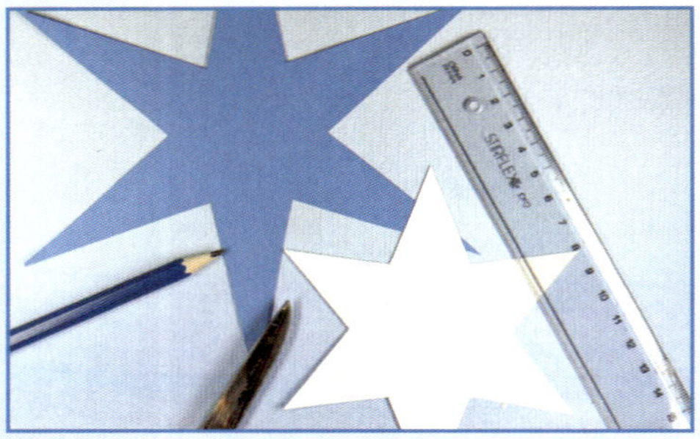

**1** Übertrage die große Stern-Vorlage auf Tonpapier (wird noch gebogen) und die kleine auf Fotokarton und schneide beide Sterne aus.

**2** Klebe den kleinen Stern mit der gesamten Auflagefläche auf den großen Stern. Die beiden Sterne müssen gut zusammenhalten.

**3** Biege mithilfe eines Buntstiftes (rund) die Spitzen nach innen und klebe sie in der Mitte fest. Das Teelicht kann mit Alleskleber oder einer Heißklebepistole (Erwachsene) in der Mitte befestigt werden.

Aus Papier und Papierstreifen kannst du ganz viele Sterne basteln, z. B. als Baumschmuck, Geschenkanhänger oder Tischdeko.

**1 + 6** Die Wellpappe kringeln (siehe Seite 8) und auf die Rückseite des großen Sterns kleben. Den kleinen Stern und die Halbperle oder ein Teelicht aufkleben.

**2, 4 + 9** Die Sterne wie abgebildet aufeinanderkleben. Die kleinen Sterne mit einem Motivlocher ausstanzen (siehe Seite 8). In die Mitte eine Halbperle oder einen Strassstein kleben.

**3 + 8** Den weißen Stern rahmen (siehe Seite 7), dann die kleineren Sterne und eine Halbperle aufkleben.

**5** Jeden Wellpappestreifen mittig falten und an den Enden zusammenkleben. Einen größeren Klecks Klebstoff auf den großen Stern geben und die Strahlen aufkleben. Dann den kleinen Stern und die Halbperle aufsetzen.

**7** Die Wellpappestreifen mittig falten und an den Enden zusammenkleben. Die Strahlen von der Rückseite an den Stern kleben. Dann Klebstoff auf die Zacken geben und die Perlen festkleben.

**Das brauchst du:**

- Fotokarton
- Tonpaper
- Teelichter
- Motivlocher: Stern, ø 2,5 cm

Vorlagen Seite 114

2
3
5
6
8
9

# Flauschiger Filzstiefel

**1** Stielstich: Den Stich von rechts nach links (schräg) arbeiten. Stich von hinten aus dem Stoff und ca. 5 mm weiter wieder ein. Auf der Rückseite eine halbe Stichlänge zurückgehen und die Nadel nach vorne stechen. Dabei nicht in das Garn stechen, sondern ganz dicht daneben wieder ausstechen.

**2** Schlingstich: Es wird immer von innen nach außen gestickt. Die Schlinge entsteht, indem du die Nadel beim Anziehen des Fadens über das Stickgarn legst.

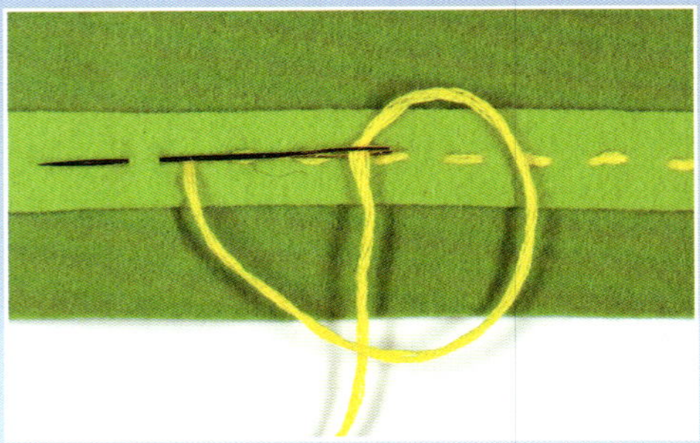

**3** Vorstich: Er ist der einfachste Stich. Mache einen Knoten in das Fadenende, stich mit der Nadel durch den Filz nach unten und im gleichen Abstand wieder nach oben.

**4** Die Perlen werden mit einer ganz dünnen Nadel mit Nähgarn aufgenäht. Probiere vorher aus, ob die Nadel durch das Perlenloch passt.

**5** Knöpfe werden ganz einfach aufgenäht. Den Faden danach immer auf der Rückseite vernähen und abschneiden.

## Stiefel nähen

Schneide die Filzteile aus: Den Stiefel und den Rand brauchst du zweimal, alle anderen Teile einmal. Setze zuerst die bunten Streifen im Vorstich auf. Der Stern wird nur an den Spitzen und Innenecken mit einzelnen Vorstichen befestigt, die Nase ist aufgeklebt (Klebestift), Augen und Mund sind mit wasserfesten Filzstiften gemalt. Die Spirale (Schweif) im Stielstich sticken, die Wachsperlen danach mit Nähgarn danebensetzen.
Die Wellenlinie stickst du auch im Stielstich, die Perlen nähst du wieder mit Nähgarn auf.
Dann lege beide Stiefelteile aufeinander und nähe sie am Rand entlang im Schlingstich zusammen. Die Oberkante bleibt offen. Setze den weißen Rand auf die Vorderseite und nähe ihn im Vorstich fest. Pass auf, dass du nicht durch beide Stiefelteile nähst! Das Gleiche machst du dann auf der Rückseite.
An den Rand nähst du noch eine Aufhängeschlaufe: das Fadenende verknoten, den Faden am Seitenrand von innen nach außen durch den Filz ziehen, zu einer beliebig großen Schlaufe legen, dann wieder nach innen zurückstechen und den Faden vernähen. Zuletzt nähst du noch die Glöckchen an die Stiefelspitze und die Ilexblätter mit den Knöpfen auf den Stiefelrand.

## Das brauchst du:

- Bastelfilz, A4
- Sticknadel und Stickgarn
- 2 Knöpfe
- Wachsperlen
- Metallglöckchen

Vorlagen Seite 134 + 135

**Das brauchst du:**

- Märchenwolle
- Universal-Filznadel
- Metall-Ausstechformen
- Schaumgummiplatte (Unterlage)
- Holzperlen, Astscheiben, Glöckchen, Knöpfe
- kleine Holzperlen für die Augen
- Karo- und Satinband
- Baumwollgarn, Stopfnadel

# Kuschelige Filzanhänger

**1** Fülle die Ausstechform mit Märchenwolle und stich gleichmäßig verteilt über die Oberfläche mit der Nadel ein. Die Nadel dabei gerade halten, sonst bricht sie leicht.

**2** Wenn sich die Oberfläche fest anfühlt, hebe die Ausstechform hoch und wende das Motiv. Dann setzt du es wieder in die Metallform und nadelst auch die andere Seite gut durch.

**3** Lege nun eine Schleife aus dem Band (siehe Seite 8) und nähe sie mit einem passenden Faden an.

**4** Ziehe dann mit der Stopfnadel das Garn zur Hälfte durch den oberen Teil der Form. Etwas entfernt machst du einen Knoten und fädelst eine Perle auf. Das restliche Band verknotest du zu einer Aufhängeschlaufe.

Mit den Motiven kannst du Fensterketten basteln: Die Satteldecke des **Elches** ist aus Filz, das Herzchen schneidest du am einfachsten mit einer Nagelschere aus. Als Augen eine kleine schwarze Holzperle aufkleben oder -nähen. Das Glöckchen mit einem Band um den Hals binden. Die **Sterne** mit aufgenähten Knöpfen und Schleifen verzieren. Verbinde die Motive mit Garn, dazwischen sind Perlen und Astscheiben. Damit diese nicht verrutschen, mache vor dem Auffädeln einen dicken Knoten ins Garn.

**Hinweis:** Sei achtsam beim Umgang mit Filznadeln und arbeite immer in der Metallform. Die Nadel ist sehr spitz! Kinder unter sechs Jahren sollten diese Bastelarbeit nicht ausführen.

# Oh du fröhliche ...

Weihnachten steht vor der Tür. Nun ist es Zeit, die letzte Weihnachtspost zu erledigen, den Baum festlich zu schmücken, kleine Gaben selbst zu basteln oder Geschenke schön zu verpacken. Viele abwechslungsreiche Ideen für schöne Weihnachtsdekorationen und Geschenke sind in diesem Kapitel enthalten. Du kannst drucken, stempeln, malen, schneiden, sägen, kleben und backen – ganz wie du magst. Kombiniere auch einfach mal Muster und Farben nach Lust und Laune und du erhältst ganz neue, eigene Kreationen.

Sara (10 Jahre)

# Heiteres Engelchen

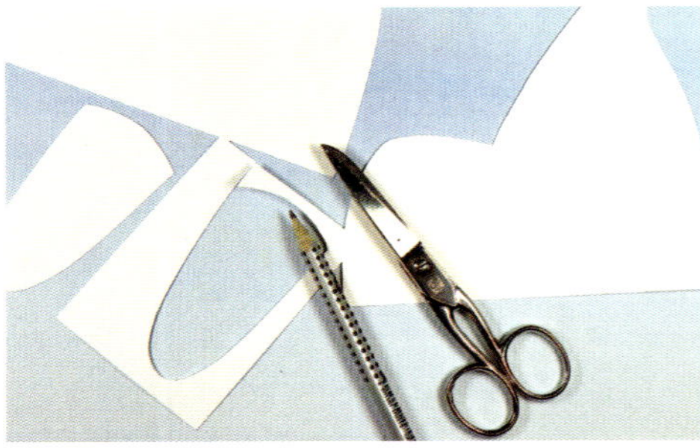

**1** Schneide zuerst alle Motivteile des Körpers aus Fotokarton aus.

**2** Der hellblaue Streifen ist aus Fotokarton, die weißen und goldenen Linien sowie die Sterne werden mit Gel- oder Lackmalstiften aufgemalt.

**3** Den Ärmel kannst du rundum ganz leicht mit blauem Buntstift schattieren, die Hand mit einem hautfarbenen Buntstift. Klebe beides zusammen und dann auf das Kleid. Klebe dann den Kragen über den Ärmelansatz.

**4** Schneide das Gesicht aus. Die Augen malst du mit schwarzem Filzstift, den Mund und die Nase mit Buntstiften auf. Für die Wangen Buntstiftabrieb aufreiben.

**5** Schneide nun das Haarteil und die Krone aus Glitzerkarton aus und klebe sie auf den Kopf.

**6** Jetzt klebst du den Kopf auf den Körper. Biege dann an jedem Chenilledrahtstück ein Ende zu einer Spirale und klebe das andere Ende hinter den Kopf.

**7** Schneide den Schuh, das Bein und den Flügel aus und klebe sie hinter das Kleid. Klebe die Zackenlitze auf und zeichne die gestrichelte Linie mit einem Gel- oder Lackmalstift auf den Kragen.

## Das brauchst du:

- Fotokarton
- Glitterkarton
- Chenilledraht
- gemustertes Transparentpapier
- Zackenlitze

Vorlage Seite 121

Du kannst das Kleidchen mit den Flügeln und Schuhen doppelt machen und oben im Brustbereich zusammenkleben. Dann kann die Figur auch frei sitzen.

# Baumkugeln mit Sternen

**1** Spieße jede Kugel auf ein Schaschlikstäbchen und streiche die Paste mit den Finger auf. Durch Tupfen bekommt die Oberfläche Struktur. Lass die Paste gut trocknen.

**2** Dann stanze viele Sterne mit dem Motivlocher aus den Goldpapieren.

**3** Bereite als Nächstes die Sternchenverzierungen vor: Schiebe vorsichtig eine Wachsperle auf eine Stecknadel. Stich dann ein Loch in die Mitte eines Papiersterns und stecke ihn auf.

**4** Nun stichst du mit dem Schaschlikstäbchen ein Loch in die Kugel und klebst den Anfang des Effektdrahtes hinein. Wickle den Draht straff um die Kugel. Immer wenn sich zwei Drahtlinien kreuzen, steckst du ein Sternchen hinein. Du kannst zusätzlich etwas Klebstoff auf die Stelle geben.

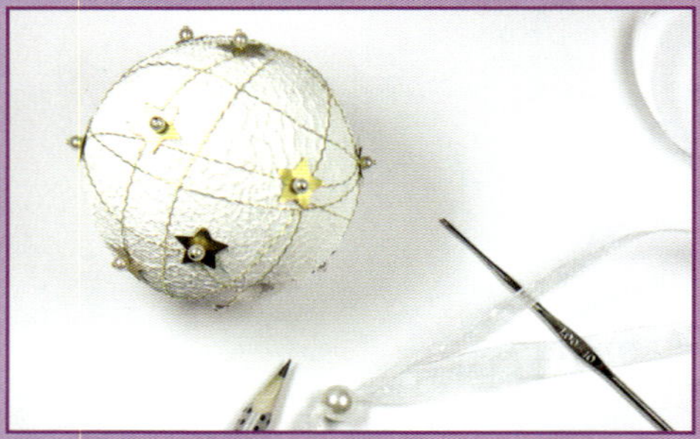

**5** Zuletzt wird die Aufhängung gemacht: Verknote das Organzaband und ziehe die Schlaufe mit einer Häkelnadel durch die Perle. Drücke dann mit einem Bleistift eine Vertiefung in die Styroporkugel und klebe Knoten und Perle darin fest.

**Hinweis:** Plane zwei Tage zum Basteln der Kugeln ein: Am ersten Tag trägst du die Strukturpaste auf. Am zweiten Tag geht's dann ans Verzieren. So kann die Paste gut durchtrocknen.

## Das brauchst du:

- Styroporkugeln, ø 7 cm
- Strukturpaste
- Schaschlikstäbchen
- Motivlocher: Stern, ø 1,5 cm
- Gold- und Glitterpapier
- Stecknadeln mit Metallkopf
- Wachsperlen, ø 4 mm und 1 cm
- Organzabänder, 1 cm breit
- Effektdraht

Nicht nur Kugeln, auch viele andere Styroporformen machen sich wunderbar als Baumschmuck.

# Fröhlich-bunte Krippenfiguren

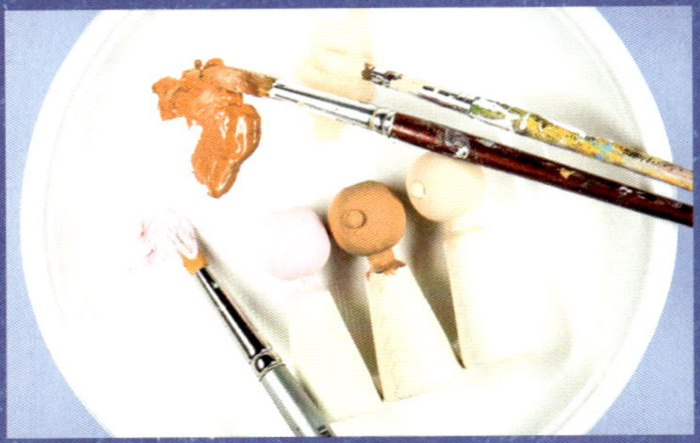

**1** Klebe die Halbkugeln als Nasen auf die Köpfe und bemale die Köpfe mit der Gesichtsfarbe. Esel und Ochse haben aufgemalte Schnauzen.

**2** Dann bemale die Kegel in der Farbe der Kleider. Die Körper der Schafe sind weiß.

**3** Gestalte nun die Gesichter: Augen und Münder malst du mit wasserfesten Stiften, die Wangen rötest du mit etwas Buntstiftabrieb.

**Das brauchst du:**

- Holzkegel, 7 cm hoch
- Holzkugel, ø 3 cm (Kopf Jesukind)
- kleine Holzhalbkugeln, ø 6 mm
- Bastel- oder Acrylfarbe
- Bastelhölzer (Zaun)
- Bastelfilz
- Wolle, Engelshaar
- Bänder, Goldfaden
- Draht, Zahnstocher, Holzstern, Wattestäbchen
- kleine Streichholzschachtel, Stroh
- Metallglöckchen, Strasssteine
- 3D-Liner

Vorlagen Seite 116

**Schafe:** Bemale den Körper und den oberen Teil des Kopfes mit dem 3D-Liner. Die Farbe gut trocknen lassen. Klebe dann die Ohren fest und binde das Band mit dem aufgezogenen Glöckchen um den Hals.

**Esel und Ochse:** Die Ohren des Esels sind aus Filz, die Hörner des Ochsen sind bemalte Wattestäbchen. Die Tiere stehen hinter einem Zaun aus Bastelhölzern. Klebe dafür vier Bastelhölzer quer auf zwei hochkant liegende Hölzer auf.

**Restliche Figuren:** Klebe zuerst die Bänder und Borten, dann die Mäntel aus Filz auf die Körper. Manche Figuren haben noch geknotete Bänder um den Hals. Du kannst außerdem noch Strasssteine oder andere Schmucksteine aufkleben. Schau einfach, was aus deinem Fundus noch passen könnte.

Maria und Josef bekommen als Haare angeklebten Wollfäden und darüber Tücher aus Filz.

Der Hirte hat auch aufgeklebte Wollfäden als Haare und eine Filzscheibe als Hut. Vergiss auch den Hirtenstab (gebogener Draht) nicht.

Die Drei Könige haben Haare aus Wolle oder Goldfaden. Die Kronen sind aus Goldbändern, die um einen Finger herum zu Ringen geklebt werden.

Das Christkind ist aus einer Holzperle gemacht. Male das Gesicht auf und klebe Engelshaar als Haare auf. Der Kopf liegt in einer angemalten Streichholzschachtel mit Stroh. Schneide noch eine kleine Filzdecke (3 cm x 6 cm) zurecht und lege sie in die Schachtel.

# Schön verzierte Kerzen

**1** Pause alle Motivteile des Rentiers einzeln von der Vorlage ab und schneide die Schablonen aus.

**2** Lege die Schablonen auf die Wachsplatten und schneide sie rundherum mit einer feinen Nadel aus. Dafür kannst du eine Nähnadel ganz eng mit Kreppklebeband an ein Schaschlikstäbchen kleben.

**3** Die Sterne werden mit dem Motivlocher ausgestanzt. Lege die Wachsplatte vorher für ein paar Minuten in den Kühlschrank. Streifen schneidest du mit einem Lineal und einer spitzen Nadel zu.

**4** Stelle die Motivteile direkt auf der Kerze zusammen, dazu am besten die Vorlage direkt nebendran legen. Wenn alles passt, drückst du die Wachsstücke mit warmen Händen auf die Kerze, bis sie gut haften.

**5** Nun die ausgestanzten Sternchen mit warmen Händen andrücken.

**6** Details, wie Augen, Wangen und Muster, malst du mit flüssiger Wachsfarbe (Wachsstift) und einem dünnen Pinsel auf.

**7** Die weiße Stumpenkerze dekorierst du mit Wachsstreifen. Auf diese dann ausgestanzte Sterne drücken. Punkte direkt mit dem Wachsstift aufsetzen.

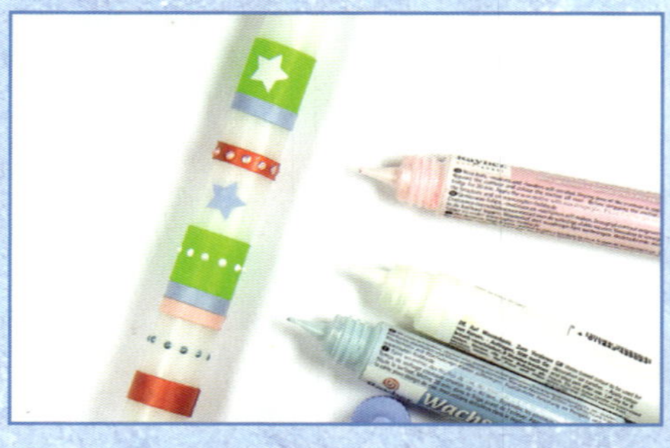

**8** Genauso sind auch die Stabkerzen gemacht.

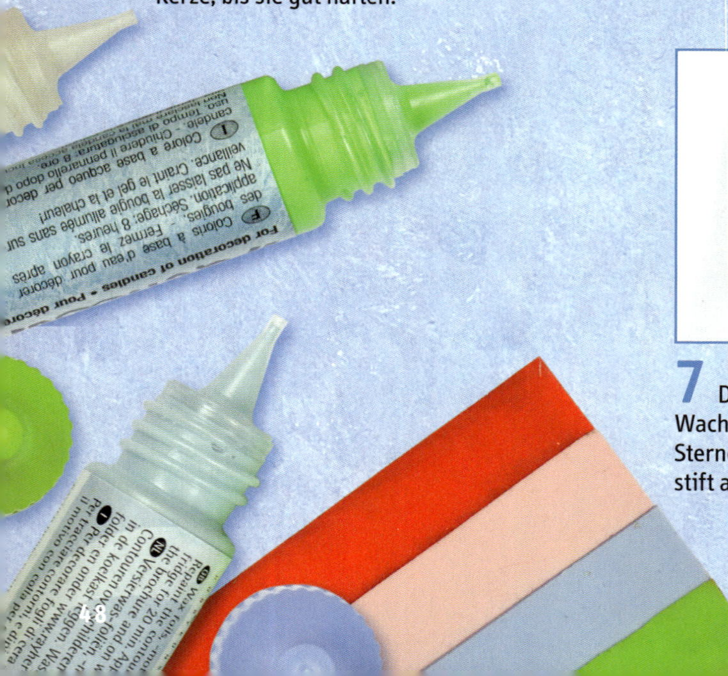

**Das brauchst du:**

- Stumpenkerze in Blau, ø 8 cm, 15 cm hoch
- Stumpenkerze in Weiß, ø 6 cm, 15 cm hoch
- Stabkerzen, ø 2 cm
- Zierwachsplatten
- Wachsstifte
- Motivlocher: Stern, ø 1,5 cm

Vorlagen Seite 128

# Weihnachtslaterne

**1** Schneide zuerst alle Motivteile mithilfe von Schablonen aus (siehe Seite 7). Statt Seidenpapier kannst du für den Bauchausschnitt auch festes rotes Transparentpapier verwenden. Du kannst die Papierteile rundum schattieren, dann wirken sie plastischer.

**2** Schneide in das Körperteil das Loch; das geht gut mit einer Nagelschere. Trage auf der Rückseite Klebstoff rund um den Ausschnitt auf und klebe das Seidenpapier (oder Transparentpapier) auf.

**3** Der Kringel auf dem Bart ist mit dem 3D-Liner gemalt; lege das Teil danach beiseite, die Farbe muss gut trocknen. Wenn du keinen 3D-Liner hast, kannst du auch einen grauen Buntstift nehmen.

**4** Bemale dann das Gesicht. Die Augen malst du mit einem schwarzen Filzstift, die Wangen mit Buntstiftabrieb auf. Für die Lichtpunkte nimmst du einen weißen Gel- oder Lackmalstift.

**5** Klebe dann das Gesicht auf den Bart, darüber den Schnurrbart und die Nase. Erst dann malst du den Mund mit einem roten Buntstift auf. Biege die unteren Zipfel des Schnurrbartteils ein bisschen nach oben, dann wirkt der Weihnachtsmann lebendiger.

**6** Bemale nun die Handschuhe mit einem Karomuster (siehe Seite 7).

**7** Klebe dann alle Teile zusammen, zum Positionieren kannst du die Vorlage zu Hilfe nehmen.

**8** Auf der Rückseite klebt eine Schachtel. Schneide sie an den durchgezogenen Linien aus. Ziehe dann die gestrichelten Linien mithilfe von Prickelnadel (oder Zirkelspitze) und Lineal nach, dann kannst du das Papier leichter falten. Klebe die Schachtel erst zusammen und dann mit dem flachen Ende hinter den Bauchausschnitt des Weihnachtsmannes.

## Das brauchst du:

- Fotokarton
- Seiden- oder Transparentpapier
- Pompon, ø 2 cm
- 3D-Liner

Vorlagen Seite 119 + 120

Den Weihnachtsmann kannst du mit einer LED-Lichterkette oder einem Teelicht beleuchten. Das Teelicht stelle sicherheitshalber in ein hohes Windlichtglas. Es darf nie unbeaufsichtigt brennen!

# Geschenkpapier

**1** Bastle wie unten beschrieben die benötigten Stempel und trockne die Schnittfläche nach dem Zuschneiden mit Küchenkrepp ab. Trage dann die Farbe mithilfe eines Pinsels gleichmäßig auf den Kartoffelstempel auf und drücke deinen Kartoffelstempel fest auf das Papier. So stempelst du alle benötigten Motive nebeneinander.

**2** Für Kreise schneide eine Kartoffel in der Mitte durch und benutze eine Hälfte als Stempel. Für Quadrate schneide die halbe Kartoffel eckig zu. Punkte kannst du mit dem Pinselstiel, einer Heißkleberpatrone oder einem Wattestäbchen setzen.

**3** Für Sterne, Herzen, Kronen und Blätter drücke eine Ausstechform ca. 5 mm tief in die Schnittfläche einer halben Kartoffel. Schneide mit einem Küchenmesser den Rand rundum ab.

**4** Für die Tanne schneidest du die Kartoffel in eine Dreiecksform. Wenn der Kartoffeldruck trocken ist, male noch den Stamm mit einem Pinsel und den Schnörkel an der Spitze mit einem Bunt- oder Filzstift dazu.

**5** Für den Vogelkörper nimmst du eine halbe Kartoffel. Lass den Stempelabdruck trocknen und male dann Schnabel, Flügel, Beine und Schwanzfeder dazu.

**6** Für den Wichtelkopf brauchst du eine halbe Kartoffel, für die Mütze eine dreieckig zugeschnittene als Stempel. Bommel und Nase setzt du mit einem Pinselstiel auf. Die restlichen Linien nach dem Trocknen der Farbe mit Buntstift und wasserfesten Filzstiften (zum Malen auf dem Stempelmotiv) ergänzen. Eine Schleife aus Karoband macht sich auch sehr gut.

**7** Für das Quadrat mit Ranken male zuerst den Rahmen auf das eingewickelte Papier. Die Stempel machst du wie in Schritt 3 beschrieben mit Ausstechformen.

Du kannst das Packpapier vor oder nach dem Einpacken deiner Geschenke mit Kartoffeldrucken verzieren. Wenn Stempelmotive übereinanderliegen, lass immer einen Stempelabdruck trocknen, bevor du einen weiteren daraufsetzt, damit die Farben sich nicht mischen.

## Das brauchst du:

- Kartoffeln
- Bastel- oder Acrylfarben
- Küchenmesser
- Metall-Ausstechformen
- Packpapier
- Heißkleberpatrone, Wattestäbchen (für Punkte)

# Kuschelige Filzhänger

**Das brauchst du:**

- Bastelfilz
- Holzperle, ø 3,5 cm (Kopf)
- Holzhalbkugel, ø 8 mm (Nase)
- Bast (Haare)
- Holzperlen, ø 1 cm
- Glöckchen, ø 1,5 cm
- Satinkordel
- Bastel- oder Acrylfarbe in Rot
- fester Faden (z.B. Zwirn)

Vorlagen Seite 119

**1** Bastle zuerst eine kreisförmige Schablone (siehe Vorlage). Zeichne damit insgesamt 13 Kreise auf den Bastelfilz und schneide sie sorgfältig aus.

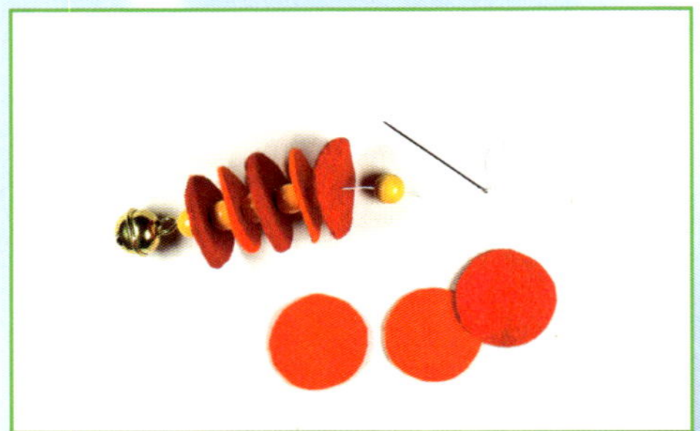

**2** Nun fädelst du die Einzelteile auf: Ziehe das Glöckchen mittig auf einen langen, festen Faden. Lege den Faden doppelt und fädle abwechselnd eine Perle und einen Filzkreis auf.

**3** So entsteht der Körper des Wichtels. Du kannst Filzkreise in derselben Farbe verwenden oder zwei Farben abwechseln.

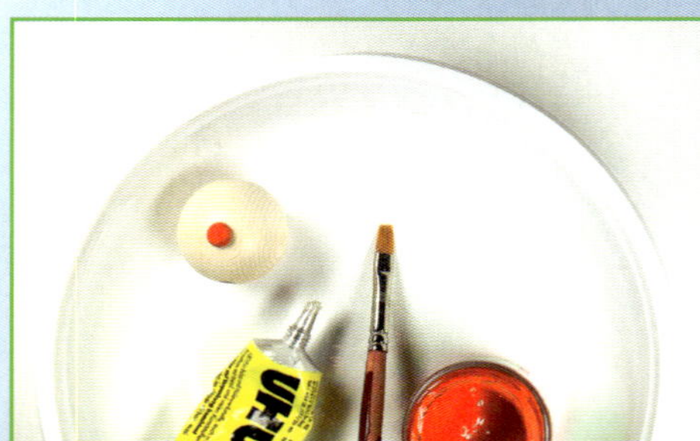

**4** Male die Holzhalbkugel mit roter Farbe an und klebe sie nach dem Trocknen auf die große Holzperle.

**5** Dann male Augen und Mund mit einem schwarzen Filzstift auf und röte die Wangen mit etwas Buntstiftabrieb. Für den weißen Lichtpunkt auf der Nase nimm einen Lackmal- oder Gelstift.

**6** Klebe nun noch ein paar Baststücke als Haare auf den Kopf.

**7** Für die Mütze schneide ein Rechteck aus Filz aus. Klebe es um den Kopf und binde es oben mit der Satinkordel zusammen.

**8** Fädle nun den Kopf auf den Körper. Damit alles zusammenhält, vernähe den Faden in der Mütze. Den Fadenrest kannst du zum Aufhängen verwenden.

Die kleinen Bäume machst du wie beim Wichtel beschrieben aus sieben stetig kleiner werdenden Filzscheiben (immer ca. 3 mm kleiner im Durchmesser). Der größte Kreis ist auf Seite 119 als Vorlage enhalten.

e Glocken nie klingen als zu der Weihnachtszeit .....

# Glitzerbordüren

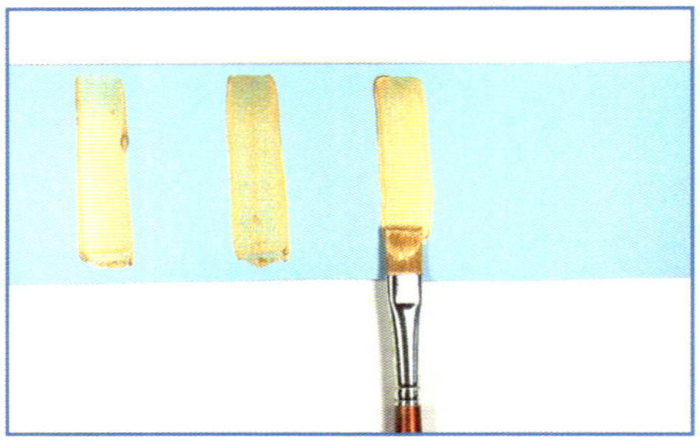

**1** Gib etwas Farbe aus dem Metallic-Liner auf einen Teller. Diese nimmst du mit einem Flachpinsel auf und malst damit im Abstand von 3 cm Streifen auf den farbigen Fotokarton.

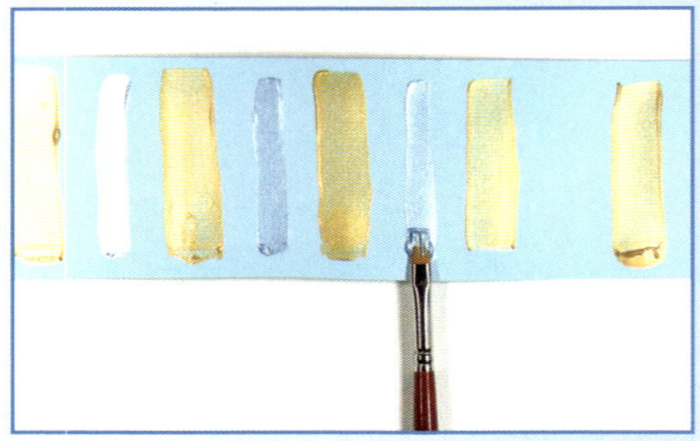

**2** Setze dann mit einem dünneren Pinsel und einer anderen Farbe Streifen dazwischen.

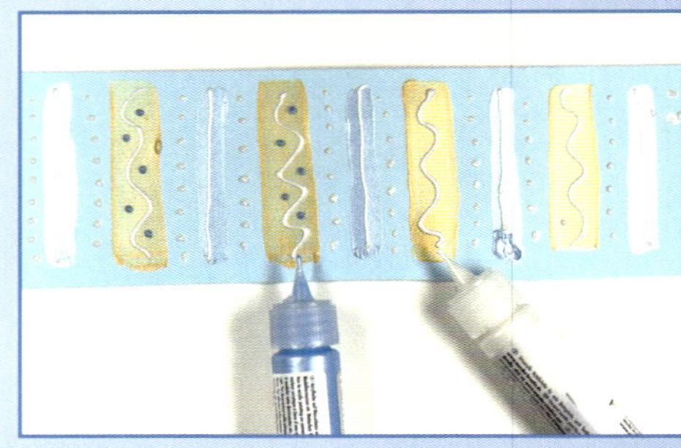

**3** Lass die Farbe gut trocknen. Dann setze mit Metallic-Linern die Muster auf oder zwischen die Streifen. Die Farbe wieder gut trocknen lassen.

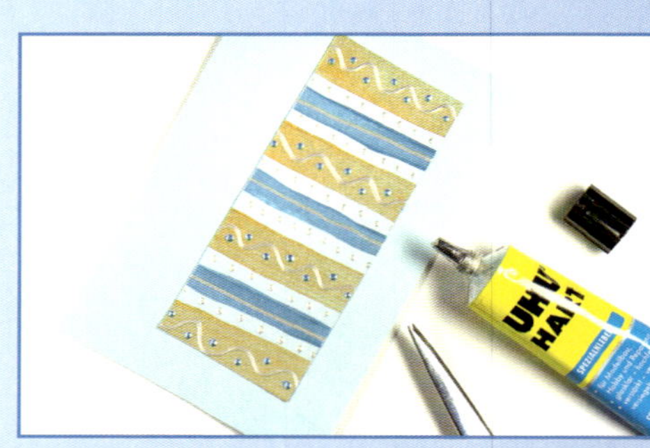

**4** Schneide das Rechteck oder eine andere Form aus und klebe sie auf ein etwas größeres Stück Tonpapier. Dann schneidest du die Form mit einem Rand von ca. 2 mm noch einmal aus. Nun kannst du sie auf die Doppelkarte kleben.

Wenn du magst, kannst du die Karte weiter verzieren, zum Beispiel mit ausgestanzten Sternen. Geschenkanhänger lassen sich aus kleinen, quadratischen Doppelkarten machen: Einfach ein Loch in die obere linke Ecke stanzen und einen Aufhängefaden durchziehen. Auch Holzwäscheklammern kannst du mit Metallic-Farbe bemalen.

**Das brauchst du:**

- Fotokarton
- Tonpapier
- feine Wellpappe
- Doppelkarten
- Flachpinsel in verschiedenen Breiten
- Metallic-Liner
- Motivlocher: Stern, ø 2,5 cm
- Bürolocher
- alter Teller
- Holzwäscheklammern

# Geschenke verpacken

Bordüren eignen sich auch bestens, um Geschenke zu verzieren. Sie werden wie auf Seite 56 beschrieben bemalt und gebastelt und um die in Japan- oder Seidenpapier verpackten Geschenke geklebt. Deine Geschenke kannst du in Papprollen oder Schachteln tun, dann lassen sie sich leichter verpacken.

Mit dem Metallic-Liner kannst du auch Teelichterhüllen und Gläser bemalen. Halte dazu die Hülle (Teelicht herausnehmen) oder das Glas kopfüber mit einer Hand und setze das Streifenmuster auf. Nach dem Trocknen kannst du weitere Verzierungen aufmalen.

Die Geschenkanhänger werden wie auf der vorhergehenden Seite beschrieben gebastelt.

**Das brauchst du:**

- gemalte Bordüren (siehe Seite 56)
- Tonpapier, Fotokarton
- Japan- oder Seidenpapier
- Papprollen oder runde Schachteln
- Bänder
- Teelichter
- Windlichtgläser

# ......... liebevoll verpackte Weihnachtsgaben .......

Das Vögelchen ist mithilfe einer Schablone ausgeschnitten. Diese einfach auf den Teig legen und rundum mit einem Messer schneiden. Mandeln und Pinienkerne mit etwas Zuckerschrift oder -glasur anbringen.

# Lebkuchenfiguren

**1** Rolle den Teig mit einem Nudelholz auf einer bemehlter Arbeitsfläche 5 mm dick aus.

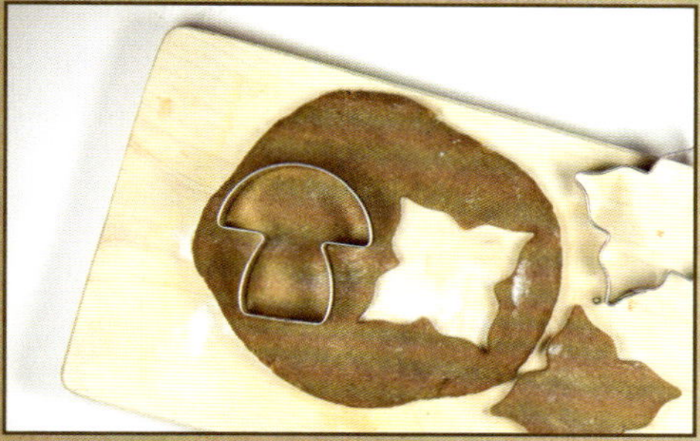

**2** Stich die Motive mit Ausstechern aus und lege sie dann auf das Backblech. Die Lebkuchen werden im vorgeheizten Ofen bei 180 Grad ca. 10–15 Minuten lang gebacken.

**3** Lass sie danach abkühlen, bevor du mit der Gestaltung mit Zuckerschrift beginnst.

**4** Auf die noch feuchten Zuckerglasurlinien kannst du bunte Zuckerperlen auflegen. Die Glasur trocknen lassen.

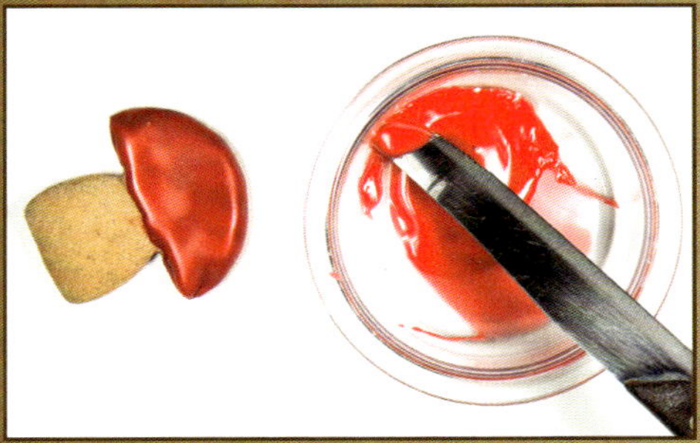

**5** Mit einem kleinen Messer wird angerührte Zuckerglasur flächig aufgestrichen.

**6** Darauf kannst du dann mit Zuckerschrift noch Punkte aufsetzen. Die Zuckerglasur gut trocknen lassen.

## Das brauchst du:

- Lebkuchenteig
- geschälte Mandeln, Pinienkerne
- bunte Zuckerperlen
- Zuckerschrift in Tuben
- Zuckerglasur (aus Puderzucker, Wasser und Lebensmittelfarbe anrühren)
- Metall-Ausstechformen
- Backblech mit Backpapier

Vorlage Seite 133 (Vogel)

## Lebkuchenteig

- 900 g Roggenmehl
- 600 g Zucker
- 6 Eier
- 9 Esslöffel Honig
- 3 Teelöffel Zimt
- 3 Teelöffel Natron
- 3 Teelöffel Nelkenpulver
- 3 Teelöffel Muskat

Gib alle Zutaten in eine große Schüssel und verknete sie zu einer Kugel. Lege die Kugel auf die Arbeitsfläche und knete und wende sie, bis der Teig geschmeidig ist. Dann wickelst du ihn in eine Frischhaltefolie und legst ihn über Nacht in den Kühlschrank. Die Lebkuchen bei 180 Grad ca. 10–15 Minuten lang backen.

# Lebkuchenhaus

**Das brauchst du:**

- Lebkuchenteig (siehe Seite 61)
- Zuckerschrift in Tuben
- Zuckerglasur (aus Puderzucker und Wasser anrühren)
- geschälte Mandeln
- Schokoladenglasur
- kandierte Kirschen
- Pinienkerne
- Ausstechformen (Stern, Blume)

Vorlagen Seite 132 + 133

**1** Lass dir beim Bauen des Lebkuchenhauses von einem Erwachsenen helfen, zusammen gelingt es einfacher. Das Rezept für den Lebkuchenteig steht auf Seite 61. Fertige dir zuerst Schablonen der benötigten Teile (Dach, Vorder-, Hinter- und Seitenteile, Tür, Baum, Zaunlatten) aus Fotokarton an. Dafür die Vorlagen auf Transparentpapier abpausen, auf Fotokarton kleben und ausschneiden.

**2** Rolle den Teig mit einem Nudelholz ca. 5 mm dick aus. Lege die Schablonen auf den Teig und schneide die Teile mit einem Messer aus. Du brauchst noch den Boden, der ist 35 cm x 20 cm groß. Lege die Teile vorsichtig auf die Backbleche und backe sie jeweils für 15 Minuten, bis sie goldbraun sind. Lass sie auf dem Backblech auskühlen, bis sie sich hart anfühlen.

**3** Jetzt kannst du die Teile verzieren: Das Dach bekommt ein schuppenartiges Muster, das du mit Zuckerschrift Reihe für Reihe von oben nach unten aufmalst. Auf das Vorderteil mit Zuckerguss die Mandelreihe kleben und die Fenster und Punkte mit Zuckerschrift aufmalen. Die Tür mit Mandeln und einer kandierten Kirsche bekleben und mit Zuckerschrift bemalen. Die Tanne bekommt kleine Schokoladenstriche und eine Spitze aus Zuckerglasur. Setze den Stern in die feuchte Glasur.

**4** Nun werden alle Teile zusammengeklebt. Zuerst vorne auf der Bodenplatte Zuckerguss auftragen und die Vorderwand darauf stellen. Sobald diese stabil steht, jeweils an einem Ende der Seitenwände Zuckerguss auftragen und sie an die Vorderwand kleben. Die Teile so lange zusammenpressen, bis sie fest miteinander verbunden sind. Du kannst die Teile mit Zahnstochern fixieren, bis sie ganz fest stehen und die Glasur trocken ist. Dann fügst du die Rückwand genauso an. Lass alles gut trocknen.

**5** Danach die Dachteile ankleben und am Rand mit etwas Zuckerguss verzieren. Fülle diesen in einen Gefrierbeutel und schneide unten eine Ecke ab; mit diesem selbst gebastelten Spritzbeutel lässt sich der Zuckerguss gut auftragen.

**6** Klebe dann den Zaun zusammen und an der Bodenkante fest. Die Tanne steckst du in eine Schicht Zuckerguss und hälst sie fest, bis der Zuckerguss erstarrt ist. Die Tür ebenso mit Zuckerguss anbringen

# Knuffige Keksschachteln

**1** Mach dir aus Transparentpapier Schablonen von Kopf und Nase. Diese legst du auf die Sperrholzplatte und zeichnest die Formen mit einem weichen Bleistift auf.

**2** Säge dann Kopf und Nase aus. Drücke das Holz fest auf den Sägetisch und führe die Säge direkt neben der vorgezeichneten Linie senkrecht und locker von oben nach unten durch das Holz.

**3** Schleife die Kanten mit dem feinen Schleifpapier und glätte auch die Oberfläche der Teile damit, so lässt sich das Holz besser bemalen.

**4** Befestige nun die Holzkugeln mit Holzleim auf dem Boden der Schachtel; das sind die Beine. Den Leim gut trocknen lassen.

**5** Bemale den Kopf braun bzw. weiß und die Nase rot bzw. rosa. Vergiss die Ränder nicht.

**6** Schleife dann mit Schleifpapier leicht über alle Kanten, sodass das Holz stellenweise wieder durchscheint.

···· Geschen

**7** Das Gesicht mit schwarzem Permanentstift (Augen, Mund), rosa Buntstiftabrieb (Wangen) und weißem Lackmalstift (Lichtpunkt) gestalten. Dann die Nase mit Leim aufkleben.

**8** Nun die Schachteln und den Deckel bemalen. Bei der braunen Schachtel zuerst die Decke, nach dem Trocknen die Bordüre aufmalen. Die rosa Farbe beim Deckel vor dem Aufsetzen der Muster trocknen lassen. Punkte mit einem Schaschlikstäbchen aufsetzen.

**9** Zuletzt den Schal unter den Kopf und dann diesen an die Schachtel (braunes Tier) bzw. an den Deckel (rosa Tier) kleben. Die Zweige auf die Rückseite und bei der rosa Schachtel die bemalte Holzkugel auf den Deckel kleben.

## ... süß verpackt .......

**Das brauchst du:**

- Sperrholz, 5 mm stark
- Schleifpapier
- Acrylfarben
- Spanschachtel, ø 16 cm
- Holzkugeln, ø 2,5 cm
- Zweige
- Holzleim
- Bastelfilz

Vorlagen Seite 113

Die Schachtel kannst du als Keksschale nehmen oder Geschenke darin verpacken. Achte darauf, wo du den Kopf festklebst, er darf beim Öffnen nicht hängen bleiben und wird deshalb bei einer geschlossenen Schachtel immer am Deckelrand festgeklebt.

# Witzige Fingerdrucke

**Das brauchst du:**

- Bastel-, Acryl- oder Temperafarbe
- Fotokarton, Tonpapier und Karten
- Filz- und Buntstifte
- Lackmalstifte in Gold und Weiß
- Lochzange
- Satinbänder, 3 mm breit

Vorlagen Seite 121

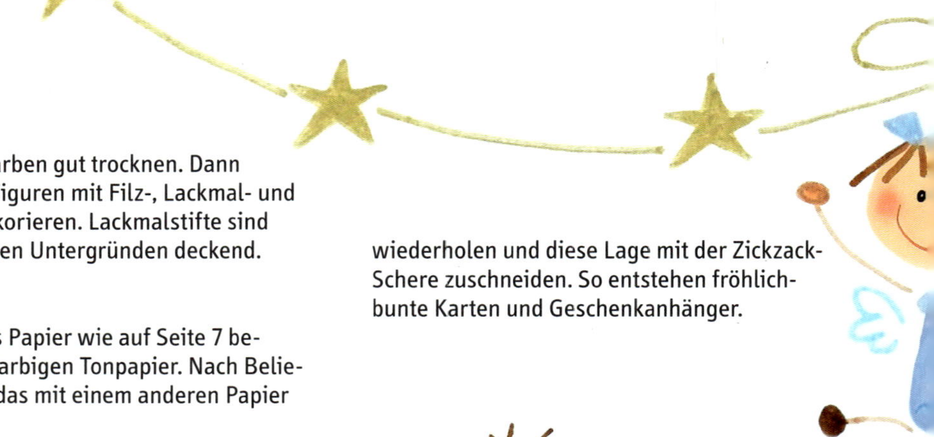

**1** Gib alle benötigten Farben auf einen (Plastik-)Teller. Die Farben sollten zum Fingerdrucken eine cremige Konsistenz haben. Tauche mit der Fingerspitze hinein und mache einen Abdruck damit. Für große Ovale nimmst du den Daumen, für kleine Formen die anderen Finger.

**2** Formen wie die Kleider, die Pakete oder die Wolke malst du mit einem feinen Pinsel.

**3** Lass die Farben gut trocknen. Dann kannst du die Figuren mit Filz-, Lackmal- und Buntstiften dekorieren. Lackmalstifte sind auch auf farbigen Untergründen deckend.

**4** Rahme das Papier wie auf Seite 7 beschrieben mit farbigen Tonpapier. Nach Belieben kannst du das mit einem anderen Papier wiederholen und diese Lage mit der Zickzack-Schere zuschneiden. So entstehen fröhlich-bunte Karten und Geschenkanhänger.

# Schillernde Anhänger

1 Klebe auf ein Fotokartonrechteck (etwas größer als der Anhänger) unterschiedlich breite Streifen Fotokarton, Krepp-, Glitter- oder Pralinenpapier. Lass stellenweise den Untergrund noch durchblitzen.

2 Fertige nun eine Schablone vom Anhänger und zeichne damit die Form auf das bunt beklebte Kartonrechteck. Schneide das Motiv aus.

3 Den Anhänger mit Glitterstift (gut trocknen lassen), Bändern, ausgestanzten Kristallen und Strasssteinen dekorieren. Dann mit der Prickelnadel ein Loch stechen und den Faden durchziehen. Mit einer aufgefädelten Wachsperle sieht es besonders edel aus.

Schaue einfach einmal, was du in deiner Bastelkiste oder im Haushalt an Papieren und Bändern findest. Die Anhänger sehen mit den unterschiedlichsten Sachen toll aus. Bei den Zapfen kannst du noch Perlen oder kleine Quasten unten an die Enden hängen.

**Das brauchst du:**

- Fotokarton
- Glitterpapier
- Kreppapier in Gold und Silber
- Bonbon- oder Pralinenpapiere
- Glitterstift in Gold
- Zackenlitze
- Motivlocher: Schneekristall, ø 2,5 cm
- Wachsperlen, ø 1 cm
- Goldfaden
- Strasssteine

Vorlagen Seite 130

# Geschenke aus Filz

**1** Aus Filz kannst du nette Geschenke für deine Familie und Freunde machen. Beachte bitte auch die Anleitung zum Sticken und Aufnähen von Verzierungen auf Seite 36. Für die Sohle den 4 mm starken und für die Kappe den 2 mm starken Filz verwenden. Verzierungen machst du aus dünnem Filz.

**2** Für die Pantoffeln findest du die Vorlage in verschiedenen Größe auf Seite 136/137. Gestaltet zuerst das Oberteil, bevor du es im Schlingstich an die Sohle nähst. Befestige die Verzierung mit ein paar Stecknadeln auf dem Filzteil und nähe sie mit Goldfaden und Rocailles im Vorstich auf.

**3** Die Anhänger für Geschenke oder den Weihnachtsbaum sind einfache Kreise, die du von klein nach groß aufeinandernähst. Perlen bringst du mit einer dünnen Nadel und Nähgarn an.

**4** Für die Handytaschen brauchst du Filzrechtecke, die etwas breiter als das Telefon sind (ca. 2 cm breiter). Sie werden nach dem Verzieren zusammengenäht.

**5** Das Brillenetui besteht auch wieder aus zwei Filzrechtecken, eine Seite kannst du unten etwas abrunden. Bringe auch hier die Verzierung auf der Vorderseite an, bevor du die Teile am Rand zusammennähst.

**6** Das Säckchen ist ein langes Rechteck, das du unten faltest. Verziere die Vorderseite mit einem Filzornament, bevor du den Filz an den Seiten im Heftstich zusammennähst. Ziehe dann mit einer dicken Nadel eine Kordel zum Verschließen in den oberen Rand.

### Das brauchst du:

- Filzplatten, 1 mm, 2 mm und 4 mm stark, A4
- Sticknadel und Stickgarn
- Wachsperlen, Glasperlen, Rocailles und Stern-Pailletten
- dünner Goldfaden

Vorlagen Seite 136 + 137

# Bunter Baumschmuck

**Das brauchst du:**
- ofenhärtende Modelliermasse, z.B. Fimo® Soft
- Schaschlikstäbchen
- Nudelholz
- Nadel oder Messer
- Silberfaden

Vorlagen Seite 124

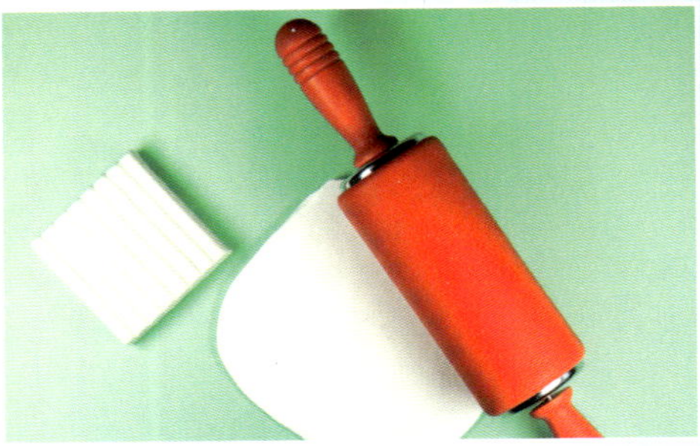

**1** Rolle die Modelliermasse mit dem Nudelholz gleichmäßig 4–5 mm dick aus.

**2** Lege dann die Transparentpapier-Schablone auf und schneide mit einer Nadel oder einem spitzen Messer das Motiv rundum aus.

**3** So schneidest du alle Motivteile aus. Eine kleine Scheibe, z. B. für die Nase, machst du am einfachsten, indem du eine kleine Kugel rollst und diese platt drückst. Drücke alle Kleinteile auf die Grundform.

**4** Manche Teile von Figuren befestigst du auf der Rückseite, wie hier z. B. den Schal.

**5** Für den Schwanz rollst du ein Stück FIMO® mit der flachen Hand zu einer langen Rolle und formst diese zu einer Spirale.

**6** Härte alles nach Herstellerangaben im Ofen aus (dabei sollte ein Erwachsener helfen). Nach dem Abkühlen gestalte noch das Gesicht mit wasserfesten Stiften und etwas Buntstiftabrieb für die Wangen.

Zweifarbige Kordeln entstehen, indem du zwei dünne FIMO®-Rollen vorsichtig miteinander verdrehst. Muster kannst du mit einem spitzen Messer eindrücken. Die Schleife beim Geschenk formst du aus einem dünnen FIMO®-Streifen, dessen Enden du zur Mitte biegst und einen schmalen Streifen darübersetzt. Der Stamm der Tanne ist ein roter FIMO®-Streifen, den du mit einer ganz dünnen weißen Rolle umwickelst.

Die Vorlagen für alle Figuren findest du auf Seite 124.

Du kannst auch bemalte Holzkugeln auf den Deckel kleben. Klebe vorher eine Karobandschlaufe in dem Loch fest.

# Edle Verpackungen

**1** Schneide ein Rechteck aus Wellpappe zu. Der Streifen muss so hoch wie deine Dose sein und lang genug, damit er herumpasst.

**2** Klebe den Wellpappenstreifen um die Dose und sichere ihn mit einem Gummiband.

**3** Schneide dann einen Kreis für den Deckel zu, der ca. 4 mm größer als die Dose ist, und klebe die ausgeschnittenen Sterne darauf. Du kannst die Vorlage nach Bedarf verkleinern oder vergrößern.

**4** Klebe das Karoband an das breite Ende des schrägen Wellpappestreifens. Rolle den Streifen von diesem Ende aus eng zu einem Kegel auf und klebe das Ende fest. Klebe den Kegel dann in die Mitte des Deckels.

**5** Zeichne nun mit einem Zirkel zwei gleich große Wellpappekreise auf Fotokarton. Diese sollten 2–3 mm kleiner als der Durchmesser der Blechdose sein. Klebe die Kreise auf die Rückseite des Deckels, damit dieser nicht verrutschen kann.

**6** Verziere die Schachtel abschließend noch mit Karoband, das du mit Klebstoff festklebst (siehe Seite 8).

# Hübsche Papierkugeln

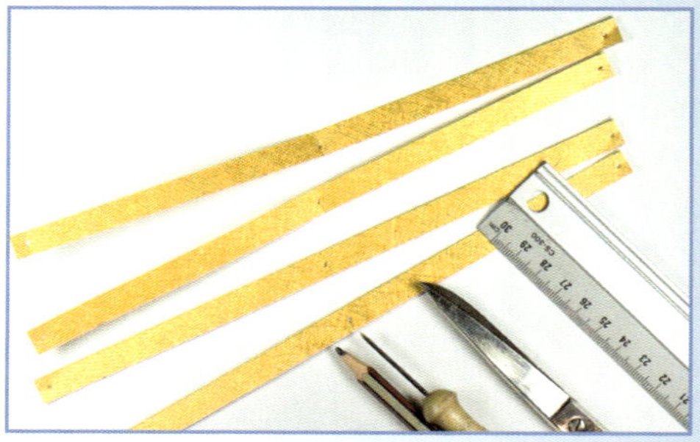

**1** Schneide vier gleich lange Papierstreifen aus. Stich mit der Prickelnadel jeweils in die Mitte und an beide Enden Löcher.

**2** Stanze dann mit den Motivlochern die beiden unterschiedlich großen Sterne aus.

**3** Klebe beide Sterne aufeinander und stich mit der Prickelnadel ein Loch in die Mitte.

**4** Der Blumendraht ist 15 cm lang. Drehe mit der Zange eine Öse an einem Ende. Fädle dann eine Perle und den Stern (kleiner aufgeklebter Stern zeigt zur Öse) auf.

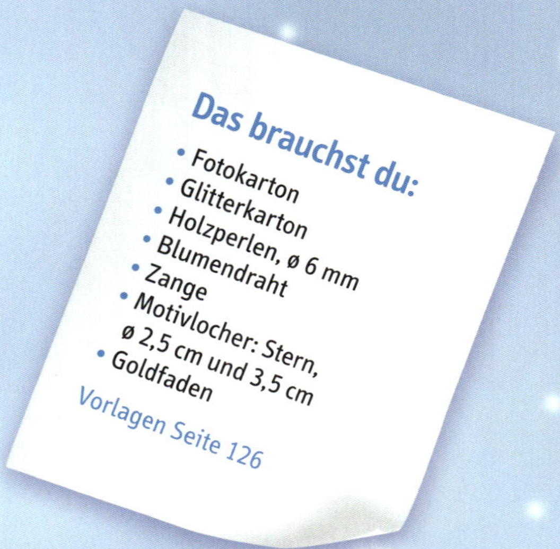

**Das brauchst du:**

- Fotokarton
- Glitterkarton
- Holzperlen, ø 6 mm
- Blumendraht
- Zange
- Motivlocher: Stern, ø 2,5 cm und 3,5 cm
- Goldfaden

Vorlagen Seite 126

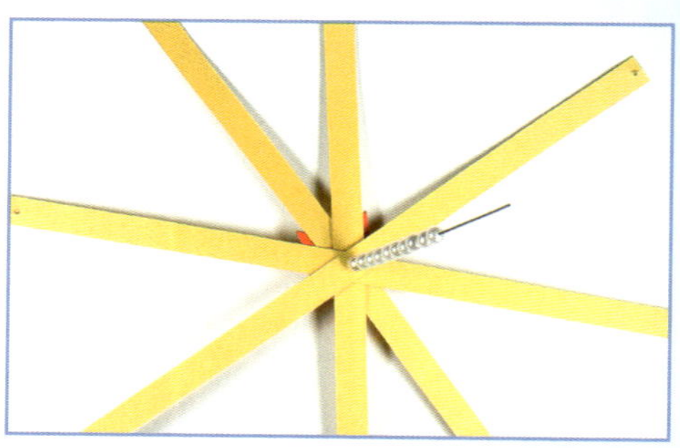

**5** Fädle als Nächstes die Papierstreifen und danach zehn Perlen auf.

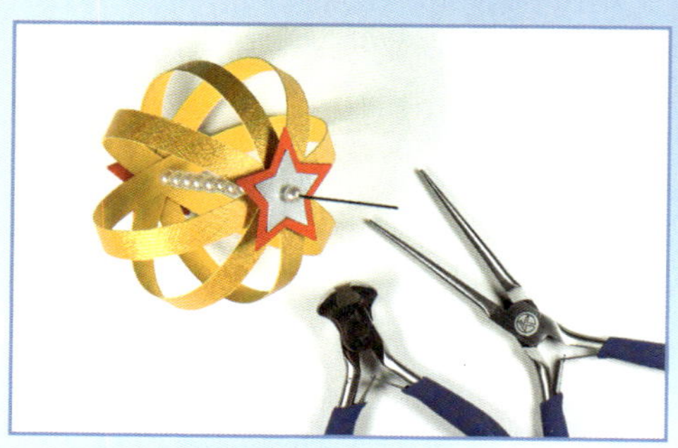

**6** Forme eine Kugel, indem du die Enden der Papierstreifen nacheinander auf den Draht fädelst. Danach fädle noch einen Stern und eine Perle auf. Schneide den Draht dann bis auf ca. 8 mm ab und forme wieder eine Öse.

**7** Mit einem Goldfaden kannst du deine Kugel aufhängen.

# Kleine Geschenke

**1** Trage zuerst die Spachtelmasse auf den Holzuntergrund auf (bei Schachteln nur auf den Deckel), sodass eine unregelmäßige Oberfläche entsteht. Lass die Spachtelmasse trocknen.

**2** Übertrage dann das ausgewählte Muster mithilfe von Transparentpapier auf den Untergrund und ziehe die Linien mit dem 3D-Liner nach. Lass auch diese Farbe wieder gut trocknen (am besten über Nacht).

**3** Bemale dann alles mit der goldenen Farbe. Wische die noch feuchte Farbe mit einem Tuch von den erhabenen Linien wieder ab, sodass das Muster gut heraussticht.

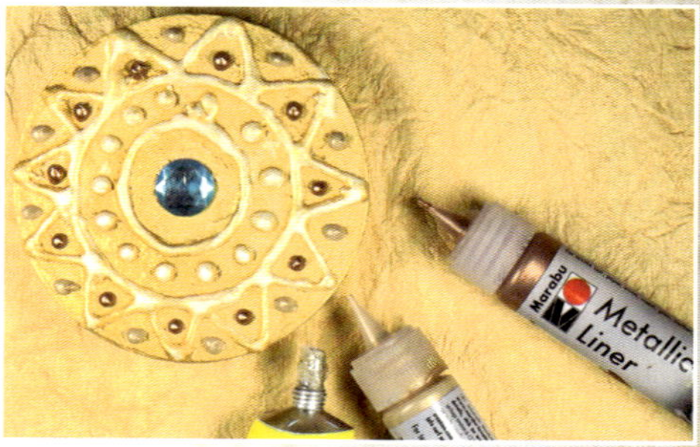


**4** Anschließend kannst du das Motiv noch mit Metallic-Liner-Punkten und Strasssteinen dekorieren.

Du kannst die verschiedensten Holzuntergründe mit dieser Technik gestalten. Mit goldener Farbe bemalt sehen die Objekte ganz edel aus. Oder du nimmst deine Lieblingsfarbe! Die Metallic-Liner gibt es im Hobbyfachhandel in vielen verschiedenen Farben.

**Das brauchst du:**

- Spanschachteln, Holzrahmen
- Bastel- oder Acrylfarbe in Gold
- Spachtelmasse, Spachtel
- 3D-Liner
- fusselfreies Tuch
- Strasssteine
- Metallic-Pen in Gold und Kupfer

Vorlagen Seite 127 + 128

# Weihnachtskarten

**1** Den Stamm aus Glitterpapier ausschneiden und auf das weiße Rechteck kleben (mit Tonpapier gerahmt, siehe Seite 7). Darüber den Stern setzen. Die Spiralen mit dem Liner zeichnen und Strasssteine an die Enden kleben.

**2** Auf den Baum aus Goldpapier Zackenlitze und Goldband kleben. Für die Girlande eine Perle auf den Draht fädeln, diesen doppelt legen und ein paar Zentimeter verdrehen, dann die nächste Perle auffädeln usw. Die Enden hinter die Tanne kleben und diese mit Stern und Stamm aus Papier auf die Karte kleben.

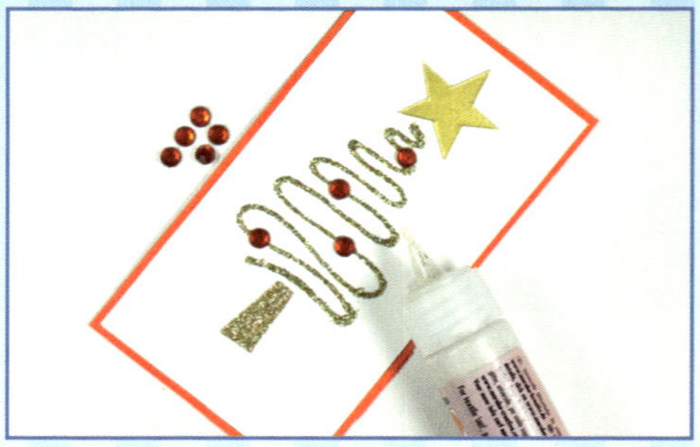

**3** Mit dem Liner den Baum malen und nach dem Trocknen Strasssteine aufkleben. Stamm und Stern aus Papier ausschneiden und aufkleben.

**4** Aus den Knöpfen ein Dreieck legen. Dann einen Knopf nach dem anderen hochheben und mit Alleskleber auf das Papier kleben. Stamm und Stern aus Papier ausschneiden und aufkleben. Das weiße Rechteck mit Tonkarton rahmen (siehe Seite 7).

**5** Auf den hellgrünen Baum grüne Papierstreifen kleben und diese mit einem Liner und Strasssteinen dekorieren. Die anderen Verzierungen mit einem grünen Filzstift aufmalen. Stern und Stamm aus Papier dazu kleben.

## Das brauchst du:

- Doppelkarten
- Fotokarton, Tonpapier
- Glitterpapier in Gold
- Glitter-Gold-Liner
- selbstklebende Strasssteine
- Perlen und Bouillondraht
- Knöpfe
- Zackenlitze, Goldband

Vorlagen Seite 129

# Glitzernde Geschenke

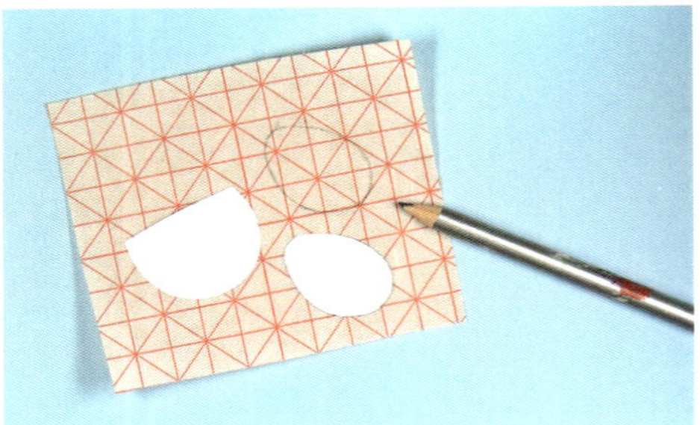

1 Pause die Formen, die mit Glitter bestreut werden sollen, auf Transparentpapier ab und übertrage sie auf die Schutzfolie der doppelseitigen Klebefolie.

2 Schneide die Formen aus, ziehe auf einer Seite die Schutzfolie ab und klebe die Klebefolienstücke auf die Schachtel oder die Karte.

3 Nun ziehe die andere Schutzfolie ab und bestreue die Klebefläche mit feinem Glitter.

4 Zuviel Glitter klopfst du auf ein gefaltetes Blatt ab. Mithilfe des geknickten Blattes kannst du den Glitter einfacher in sein Behältnis zurückfüllen. Reste mit einem weichen Flachpinsel entfernen.

5 Feine Linien, wie Hörner, Ohren und Beine zeichne mit dem Klebekuli. Streue auch gleich wieder Glitter darüber.

6 Den Überschuss klopfst du wieder auf ein gefaltetes Blatt ab (nicht mit dem Pinsel über die Glitterlinien streichen, sie verschmieren sonst).

7 Für die Satteldecke klebe etwas Doppelklebefolie auf weißes Papier. Ziehe die Schutzfolie ab und streue Glitter darüber.

8 Klebe die ausgeschnittene Decke und einen Strassstein als Nase mit Klebstoff auf das Rentier. Augen und Mund malst du mit schwarzem Filzstift auf, die Füße mit dem Perlenstift.

## Das brauchst du:

- Fotokarton, Tonpapier
- Pappschachteln in Weiß
- doppelseitige Klebefolie
- feiner Glitter
- Klebekuli (z. B. Quickie Glue)
- Perlenstift (z. B. Pearl Maker)
- Motivlocher: Stern, ø 6 cm
- Strasssteine

Vorlagen Seite 129

Mit dieser Technik kannst du Geschenkanhänger, Karten und Schachteln dekorieren. Die Karten werden auf mehrere Fotokartone aufgeklebt und ausgeschnitten (siehe Seite 7). Alle Motive sind originalgroß abgebildet.

# Einen guten Rutsch ...

Das alte Jahr neigt sich dem Ende entgegen, das neue steht vor der Türe. Das ist die Zeit von Schweinchen, Schornsteinfeger, Marienkäfer und Co. Auf den folgenden Seiten siehst du, wie du mit den beliebten Glücksbringern lustige Dekorationen und liebevolle Geschenke basteln kannst. Ganz einfach geht das mit Papier, das du bemalen und falten kannst. Ganz köstlich sind Schweinchen und Glückspilz aus Marzipan, über die sich nicht nur deine Eltern freuen werden.

Teresa (10 Jahre)

Maria (8 Jahre)

# Lustige Glücksbringer

**Das brauchst du:**
- Fotokarton
- Tonpapier
- Bastfaden
- Satinband, 3 mm breit (nur Schornsteinfeger)

Vorlagen Seite 115

**1** Kopiere die Vorlage und schneide sie aus. Mit dieser Schablone zeichnest du die Form mit einem Bleistift auf den Fotokarton. Schneide das Kleeblatt aus.

**2** Du kannst das Kleeblatt rundum mit einem Buntstift schattieren, dann wirkt es plastischer. Zeichne noch die Linien auf und kringle einen schmalen Tonpapierstreifen um ein Holzstäbchen herum (siehe Seite 8).

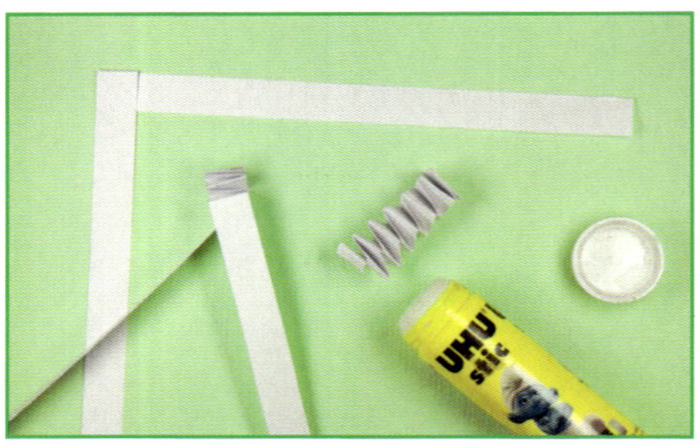

**3** Für eine Hexentreppe klebe zwei gleich lange und breite Tonpapierstreifen im rechten Winkel aufeinander. Falte die Streifen abwechselnd übereinander und klebe die Streifenenden aufeinander.

**4** Klebe nun den gekringelten Papierstreifen und die Hexentreppe mittig auf das Kleeblatt.

**5** Schneide für jeden Pilzhut einen Fotokartonkreis aus und bemale ihn mit einem weißen Lackmalstift mit Punkten. Schneide den Kreis dann bis zur Mitte ein und klebe die Kanten leicht überlappend aufeinander, damit eine flache Kegelform entsteht.

**6** Klebe die Kanten des Hutes dann leicht überlappend aufeinander, sodass eine flache Kegelform entsteht. Zuletzt klebst du den Pilzhut auf die Hexentreppe.

Der Schornsteinfeger hat eine Hexentreppe als Körper, an die du oben und unten Papierstreifen für die Arme und Beine anklebst. Falte die Enden der Papierstreifen nach oben und klebe daran die Hände und Schuhe fest. Schneide dann den Kopf aus und gestalte das Gesicht mit Filzstiften und Buntstiftabrieb (siehe Seite 9).

Klebe dann ein paar Baststücke als Haare auf und setze den Hut darüber. Falte das Ende des Halses nach hinten und klebe ihn auf den Kragen. Zuletzt klebst du den Kragen auf den Körper und bindest dem Schornsteinfeger das Band um. Fertig ist der fröhliche Glücksbringer!

# Silvesterkette

**1** Falte ein quadratisches Blatt Tonkarton mittig und das entstandene Rechteck noch einmal mittig, damit du wieder ein Quadrat erhältst. Zeichne die Herzform auf und schneide sie mit einer kleinen Schere aus.

**2** Wenn du die Form öffnest, erhältst du ein regelmäßiges Kleeblatt. Ziehe die Blattader zwischen Herzkuhle und Kleeblattmitte mithilfe von Lineal und Finger nach.

**3** Klebe dann den Marienkäfer auf. Zum Auhängen stich Löcher mit einer Prickelnadel ein und ziehe einen Faden durch.

**Das brauchst du:**

- Fotokarton
- Tonpapier (Kleeblatt, Kettenringe)
- Holz-Marienkäfer
- Lackmalstift in Weiß

Vorlagen Seite 124

**4** Schwein: Schneide Gesicht, Ohren, Nase und Hut aus und klebe sie zusammen. Die Gesichtslinien malst du mit Filz- und Buntstiften.

**5** Kette: Forme die Rechtecke zu Ringen und klebe die Enden aufeinander. Hänge jeden Ring vor dem Zusammenkleben in einen anderen, bis die Kette die gewünschte Länge hat.

**6** Pilz: Schneide die Motivteile aus und klebe den Stamm wie abgebildet an einem Ring fest. Klebe den Pilzhut darauf. Die Punkte malst du mit einem weißen Lackmalstift.

## ... kleine Glücksbringer ... süß und lecker .......

Für die Schachteln findest du eine Vorlage auf Seite 126. Schneide die Form an den durchgezogenen Linien aus, vergiss auch die Einschnitte an den Laschen nicht. Ziehe die gestrichelten Faltlinien mit einem Falzbein nach. Falte dann die Form und klebe sie an den Klebelaschen zusammen. Noch die Blattformen auf die Laschen kleben, fertig ist die hübsche Geschenkverpackung.

# Leckere Glücksbringer

**1** Zum Einfärben gib etwas Lebensmittelfarbe zum Marzipan und verknete die Masse, bis sie gleichmäßig gefärbt ist. Gib am besten erst wenig Farbe dazu und schau, wie stark sie färbt.

**2** Rolle das Marzipan dann mit einem Nudelholz gleichmäßig dick aus (ca. 4–5 mm). Stich daraus das Kleeblatt aus.

## Das brauchst du:

- Marzipan
- Lebensmittelfarbe
- Ausstechform: Kleeblatt
- Dekor-Schrift Schokolade
- weiße Zuckerglasur

Vorlagen Seite 126

**3** Für das Schwein brauchst du eine größere und eine kleinere Kugel aus Marzipan.

**4** Drücke die kleine Kugel zur Scheibe und setze sie auf die größere. Noch zwei Löcher mit einem Holzstäbchen eindrücken, fertig ist der Rüssel. Forme dann noch die Ohren und setze sie ebenso auf.

**5** Für die Augen tupfe etwas weißen Zuckerguss auf. Nach dem Trocknen gib zwei kleine Punkte mit Dekor-Schrift in die Mitte. Setze das fertige Schwein dann aufs Kleeblatt.

**6** Forme den tropfenförmigen Körper und drücke eine kleine Kugel als Nase auf. Die Augen sind aus Zuckerguss. Den Mund ritze mit einem Schaschlikstäbchen ein.

**7** Modelliere nun den Hut und drücke auf der Unterseite eine Vertiefung ein. Die Punkte sind wieder aus Zuckerguss.

**8** Nach dem Trocknen drücke den Pilz vorsichtig auf das Kleeblatt. Setze die Pupillen mit der braunen Dekor-Schrift auf. Gib mit dem Finger noch etwas rote Lebensmittelfarbe auf Wangen und Nase.

# Fröhliche Klemmentinis

**1** Schneide zuerst alle Papierteile aus Fotokarton aus. Für Kleinteile Tonpapier verwenden, das lässt sich leichter schneiden. Die Wäscheklammer mit einem passenden Papierstreifen bekleben und die Holzperlen an die Kordelenden kleben.

**2** Bemale das Gesicht mit Filzstift, Buntstift und Buntstiftabrieb (Wangen). Die weißen Streifen auf dem Kleid setzt du mit einem Lackmalstift auf.

**3** Klebe nun die Teile zusammen: Die Arme klebst du auf die Klammerrückseite. Für die Zöpfe flechte drei Papierdrahtstücke und binde sie mit Karoband ab, bevor du sie hinter den Kopf klebst.

**Das brauchst du:**

- Holzwäscheklammer, 7 cm lang
- Fotokarton und Tonpapier
- Wolle, Goldfaden, Paketband
- Papierdrahtkordel
- Karoband, 6 mm breit
- Organzaband, 3 mm breit
- Rohholzperlen, ø 1 cm

Vorlagen Seite 127

Auch Glückspilze und Schutzengel machen sich bestens als Klemmentinis. Mit den Klammerfiguren kannst du Geschenke verzieren oder sie als Baumschmuck nehmen.

Die Punkte auf dem Pilzhut mit einem weißen Lackmalstift malen.

Die Engelchen bekommen ein Kleeblatt mit einem Holzpilz (Bastelladen) auf den Bauch geklebt. Die Flügel auf der Klammerrückseite festkleben. Für die Haare etwas Wolle bündeln, aufkleben und in Form schneiden.

# Neujahrsgeschenke

**1** Bemale die Schachteln mit bunten Bastelfarben. Die Farbe sollte nicht zu flüssig sein, sonst wellt sich der Karton.

**2** Setze dann die Punkte mit einem weißen Gel- oder Lackmalstift auf.

**Das brauchst du:**

- Streichholzschachteln, 11 cm x 6 cm und 3,5 cm x 5 cm
- Fotokarton
- Serviettenmotiv
- Serviettenkleber
- Bastel- oder Acrylfarbe
- Fotokarton, Tonpapier

Vorlagen Seite 131

**3** Reiße das Motiv mit dem Daumen aus der Serviette aus oder schneide es mit einer Schere aus.

**4** Löse die oberste bedruckte Lage ab, nur sie wird verwendet. Streiche etwas Kleber auf die Karte, lege das Motiv auf und überstreiche es nochmal mit einem weichen Pinsel mit Kleber. Gut trocknen lassen.

**5** Schneide den Fotokarton dann zu einem Rechteck, das kleiner als die Schachtel ist. Du kannst dafür Karopapier als Schablone verwenden.

**6** Klebe das Fotokartonrechteck dann auf ein Stück Tonpapier und schneide es mit einem Rand von 2–3 mm aus.

**7** Klebe das Rechteck auf die Schachtel. Damit man die Schublade leichter herausziehen kann, klebe ein kleines Fotokartonrechteck an der Innenseite fest.

**8** Mit Serviettenmotiven kannst du auch eine Grußkarte basteln. Klebe das Serviettenmotiv auf weißen Fotokarton und schneide ein 9 cm x 9 cm großes Viereck aus. Rahme das Quadrat dann wie in Schritt 6 beschrieben und klebe es auf eine 12 cm x 12 cm große Doppelkarte.

Viel Glück!

# Schneeflöckchen, Weißröckchen ...

Endlich Winter! Schneemänner bevölkern nicht nur deinen Garten, du kannst sie auch als lustige Fensterdekoration selber bauen. Und die witzigen Kerle aus Recyclingmaterialien schmelzen garantiert nicht in der Sonne! Ein Schneemann macht sich auch als Vogelfutterstelle wunderbar, den aufgespießten Apfel mögen viele Vögel gern. Zart und lieb anzuschauen sind die Schneeflöckchen-Fensterketten und für ein schönes Licht sorgen die hübsch bemalten Windlichtgläser, die sich drinnen und vor der Haustüre wunderbar machen.

obias (9 Jahre)

# Winterliche Tischlichter

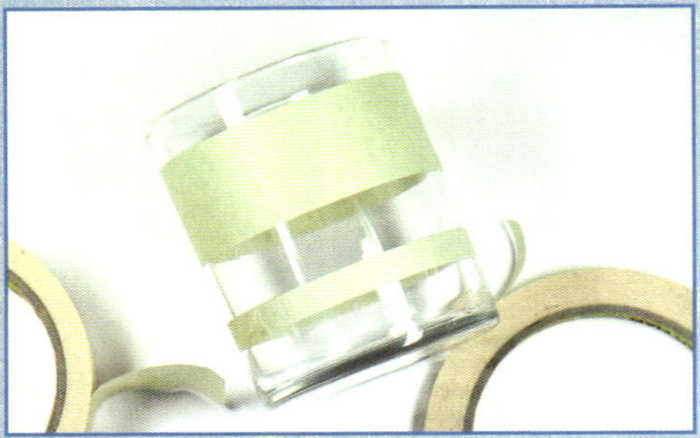

**1** Gerade Gläser kannst du vor dem Bemalen mit einem Streifenmuster versehen. Klebe dazu Malerkreppband auf das Glas. Gut andrücken.

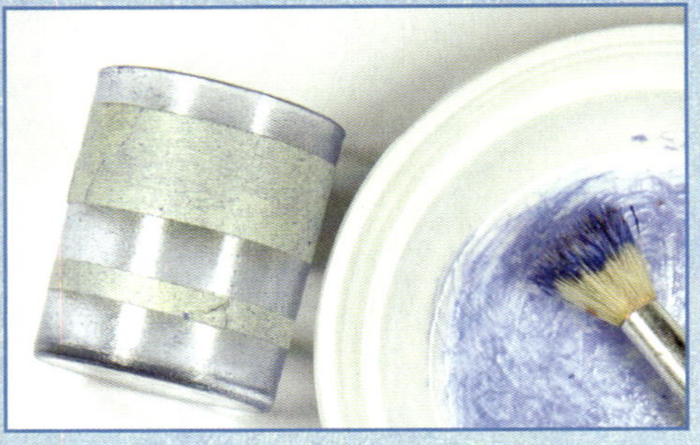

**2** Betupfe die Gläser mit einen Borstenpinsel mit der farbigen Windowcolor. Entferne dann vorsichtig das Malerkreppband und lass die Farbe gut trocknen.

**3** Stanze nun die Schneekristalle mit verschieden großen Motivlochern aus dem Kopierpapier aus.

**4** Dann streichst du den Untergrund mit transparenter Windowcolor-Farbe auf. Lege die Kristalle hinein und übermale das Ganze noch einmal mit der transparenten Farbe. Bearbeite so stückchenweise das ganze Glas.

**5** In die feuchte Windowcolor-Farbe kannst du Strasssteine legen. Noch besser haften diese aber, wenn du sie nach dem Trocknen mit Hartkleber anbringst.

## Das brauchst du:

- verschiedene Gläser
- Windowcolor, farbig und transparent
- Motivlocher: Schneekristalle
- Malerkreppband
- Kopierpapier
- Strasssteine
- Effektdraht
- Wachs- und Glasperlen

Die Gläser kannst du auch mit Perlenschnüren dekorieren. Fädle dazu die Perlen auf Draht. Wickle den Draht straff um das Glas. Die Enden befestigst du, indem du sie unter andere Drahtstränge steckst und noch ein paarmal herumschlingst.

**Das brauchst du:**

- Plastikbecher und -flaschen in verschiedenen Größen
- Styroporkugeln, ø 5 cm, 6 cm und 7 cm
- Spachtelmasse (Füllspachtel), Acrylfarbe in Weiß, Vogelsand
- Stecknadel mit schwarzem Glaskopf
- Bast, Sisal, Pompons, Knöpfe
- Strickschlauch, Stoff
- Holzplatinen, Holzhalbkugeln, Wattekarotte, Stock
- Mini-Tontöpfe, Mini-Blecheimer, Korken, Papprollen, Papier

# Freche Schneemänner

**1** Klebe die Styroporkugel mit Hartkleber auf das Plastikgefäß. Streiche dann Spachtelmasse über die gesamte Form, damit die Farbe später besser hält.

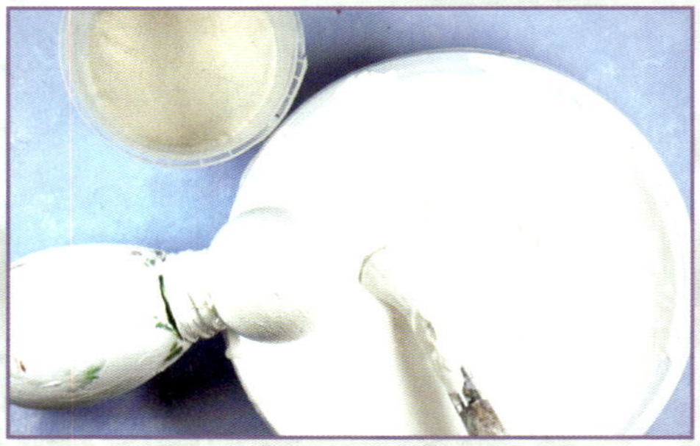

**2** Mische nun den Vogelsand mit weißer Farbe. Damit bemalst du die Figur. Die Farbe gut trocknen lassen. Durch den Sand hält die Farbe besser auf dem Untergrund.

**3** Für den Hut bemalst du Mini-Tontöpfe, Papprollen oder Korken. Papprollen bekommen vorher einen Deckel. Dafür die Rolle an der Oberkante mit Klebstoff einstreichen, auf Papier kleben und nach dem Trocknen entlang der Kante ausschneiden.

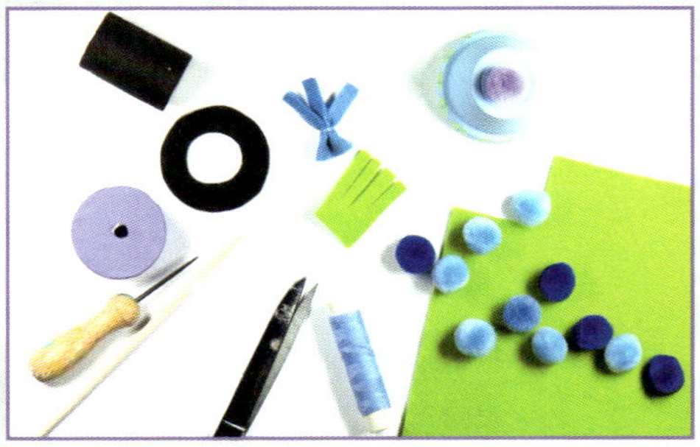

4 Als Bommel Pompons aufkleben. Für Quasten einen 3 cm langen Filzstreifen mehrmals einschneiden und mit Garn zusammenbinden. Ein Loch in den Hut stechen und die Quaste einstecken. Für den Zylinder einen Papierring auf den bemalten Korken stecken.

5 Die Nase (Holzplatine oder -halbkugel, Karotte oder Stock) in die Mitte des Kopfes und die Haare (Bast, Sisal) auf den Kopf kleben. Den Schal aus Stoff um den Hals knoten.

6 Nun das Gesicht bemalen. Die Wangen malst du mit Buntstiftabrieb, den Mund mit einem wasserfesten Stift. Als Augen stecke Glaskopfnadeln ein. Zuletzt klebe die Knöpfe oder Pompons auf den Bauch.

# Vogelfutterhalter

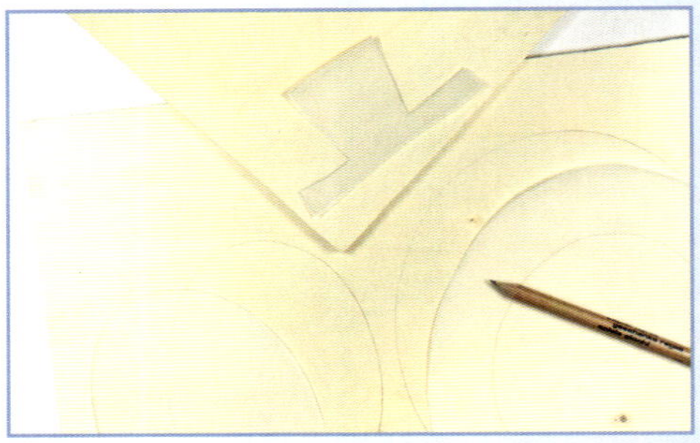

**1** Mache aus Transparentpapier Schablonen aller Motivteile. Diese legst du auf die Sperrholzplatte und zeichnest die Formen mit einem weichen Bleistift auf. Der Schneemann ist aus 8 mm starkem, die Vögel sind aus 5 mm starkem Sperrholz.

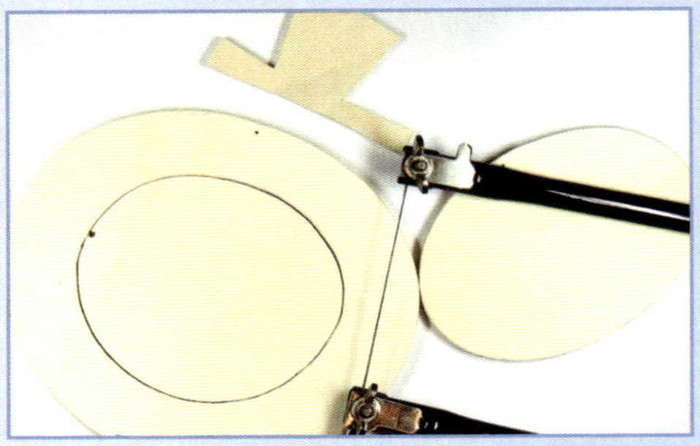

**2** Säge die Motivteile dann aus (siehe Seite 22). Um den Innenkreis auszusägen, ein Loch in den Abfall bohren, das Sägeblatt aus der oberen Klemmbacke lösen, von unten durch das Loch fädeln und wieder einspannen. Lass dir dabei von einem Erwachsenen helfen.

**3** Schleife die Kanten mit dem Schleifpapier nach und glätte die Oberfläche der Teile damit, dann lässt sich das Holz besser bemalen. Die seitlichen Löcher lass von einem Erwachsenen bohren, ggf. auch den Schaschlikspieß kürzen.

**4** Bemale dann die Motivteile wie abgebildet; vergiss auch die Ränder sowie die Holzplatine nicht. Lass die Farbe gut trocknen. Schleife nochmal leicht über alle Kanten, sodass das Holz stellenweise wieder durchscheint.

**5** Das Gesicht mit schwarzem Permanentstift (Augen, Mund), rosa Buntstiftabrieb (Wangen) und weißem Lackmalstift (Lichtpunkte) gestalten. Dann die Nase aufkleben. Der Hut bekommt noch ein Streifenmuster (mit Buntstift).

**6** Die Teile mit Draht verbinden. Zum Locken den Draht um ein Schaschlikstäbchen wickeln. Die Basthaare auf den Kopf und den Hut darüber kleben. Das Karoband um den Hals binden. Den Spieß durchstecken. Eine kleine Perle am Ende sorgt dafür, dass nichts verrutscht.

## Das brauchst du:

- Sperrholz, 5 mm und 8 mm stark
- Laubsäge, Laubsägeblatt, feines Schleifpapier
- Acrylfarben
- Holzperlen, 4 x ø 2 cm
- Holzplatine, ø 2,5 cm
- Karoband, 1 cm breit
- Holzleim
- dünner Blumendraht
- Bast
- Bohrmaschine und Bohrer, ø 3 mm
- Schaschlikspieß, ca. 25 cm lang
- evtl. matter Sprühlack

Vorlagen Seite 125

Die Vögel kannst du rund um den Schneemann aufhängen. Die Füße werden aus dünnem Draht zurechtgebogen. Wenn der Schneemann und die Vögel ungeschützt im Freien hängen, solltest du sie mit einem matten Sprühlack lackieren.

# Zarte Papierkristalle

**Das brauchst du:**
- dünnes Kopier- oder Tonpapier
- Nagelschere
- Fotokarton
- Strasssteine oder Halbperlen

Vorlagen Seite 131

**1** Zeichne auf das dünne Papier ein 12 cm großes Quadrat und schneide es aus.

**2** Falte das Quadrat mittig zu einem Rechteck und dann noch einmal mittig, damit du wieder ein Quadrat erhältst.

**3** Falte das Quadrat zu einem Dreieck. Pause dann das Motiv von der Vorlage auf Transparentpapier ab und übertrage es damit auf das gefaltete Dreieck.

**4** Am besten lässt sich das Motiv mit einer spitzen Schere ausschneiden. Bei kleinen Mustern und Rundungen klappt es mit einer Nagelschere gut.

**5** Falte das Papier vorsichtig auf und streiche es sorgfältig glatt. Wenn du ein ganz glattes Papierkristall haben möchtest, bitte einen Erwachsenen, es glatt zu bügeln.

Mit den Scherenschnitten kannst du auch Karten oder Geschenkanhänger dekorieren. Je kleiner das Motiv ist, desto dünner sollte dein Papier sein. Ganz edel schauen die Papierkristalle aus, wenn du sie mit Strasssteinen und Halbperlen beklebst.

# Fuchs und Hase

**Das brauchst du:**

- Sperrholz, 5 mm
- Laubsäge, Laubsägeblatt, feines Schleifpapier
- Acrylfarben
- Holzleim
- Holzstab, ø 6 mm
- matter Sprühlack

Vorlagen Seite 138 + 139

**1** Zeichne die Motivteile mithilfe von Transparentpapierschablonen und Bleistift auf das Sperrholz und säge sie aus (siehe Seite 22). Schleife nun die Kanten mit dem feinen Schleifpapier nach und glätte auch die Oberfläche der Teile damit, dann lässt sich das Holz besser bemalen.

**2** Bemale die Motivteile wie abgebildet; vergiss auch die Ränder nicht. Die Nase des Hasen wird aufgemalt. Du kannst die Motivteile rundum mit etwas dunkleren Farben schattieren, dann wirken sie plastischer. Das Muster auf dem Schal setze nach dem Trocknen der Acrylfarbe mit Buntstiften auf. Wenn alles trocken ist, kannst du nochmal leicht über alle Kanten schleifen, sodass das Holz stellenweise wieder durchscheint.

**3** Gestalte dann die Gesichter mit schwarzem Permanentstift (Augen, Mund, Linien), rosa Buntstiftabrieb (Wangen) und weißem Lackmalstift (Lichtpunkte). Lackiere die Figuren mit einem matten Sprühlack.

**4** Klebe dann alle Teile mit Holzleim zusammen. Die Stäbe, mit denen du die Tiere in den Schnee oder einen Pflanztopf stecken kannst, werden beim Fuchs hinter dem Körper, beim Hasen hinter dem Kopf und jeder Pfote angebracht. Lass die Figuren liegend über Nacht trocknen.

# Schneeflocken-Engelchen

**1** Jedes Schneeflocken-Engelchen hat einen Holzperlenkopf und zwei Federn als Körper.

**2** Gib etwas Klebstoff auf die Federenden und klebe sie in das Loch der Holzperle.

**3** Wickle ein Bündel aus dem Goldfaden und binde es mittig mit einem langen Faden ab (Aufhängefaden). Gib etwas Klebstoff in das freie Loch und klebe das Bündel hinein.

**4** Binde eine kleine Schleife aus Organzaband und klebe sie an den Kopf. Gestalte dann das Gesicht mit Filzstiften und Buntstiftabrieb (Wangen).

**5** Nun stanze die Kristalle aus Tonpapier aus.

**6** Klebe die Kristalle an den Aufhängefaden. Hübsch sieht es aus, wenn du die Mitten noch mit einem Strassstein verzierst.

**Das brauchst du:**

- Holzperlen, ø 2,5 cm
- Federn in Weiß
- Gold- und Silberfaden
- Organzabänder, ca. 1 cm breit
- Tonpapier in Weiß
- Motivlocher: Schneekristall, ø 3 cm
- Strasssteine

# Schneemann bauen

**Das brauchst du:**
- Schnee
- Blecheimer
- Tannenzweige
- Zapfen
- Möhre
- Kastanien, Nüsse oder Ähnliches (Augen)
- Aststücke
- Draht
- Holzscheite

**1** Am besten zum Bauen eignet sich Schnee, der schon eine Weile liegt. Frisch gefallender Schnee ist meist zu weich und die Masse fällt schnell wieder auseinander, wenn man versucht, sie in Form zu bringen.

**2** Für den Körper rolle Schneekugeln und drücke sie aufeinander. Mit losem Schnee füllst und glättest du die Übergänge.

**3** Der Körper wird nach oben hin schmaler. Setze als Kopf eine größere Schneekugel auf. Für Haare und Arme stecke Tannenzweige ein.

**4** Drücke dann die Kastanien als Augen und die Möhre als Nase in den Schneekopf. Die Mundlinie machst du aus Aststücken. Als Hut einen Blecheimer aufsetzen.

**5** Für die Beine binde Zapfen mit Draht zusammen und binde an jeweils einem Ende ein Holzscheit als Fuß fest.

**6** Stecke die Beine mit dem Zapfenende in den Körper und drücke noch ein paar Zapfen als Knöpfe in den Bauch. Fertig ist der lustige Geselle!

## Glitzender Baumschmuck

Seite 12/13

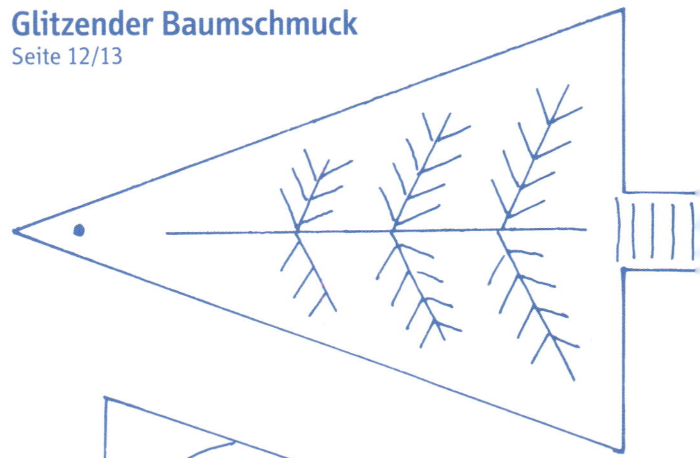

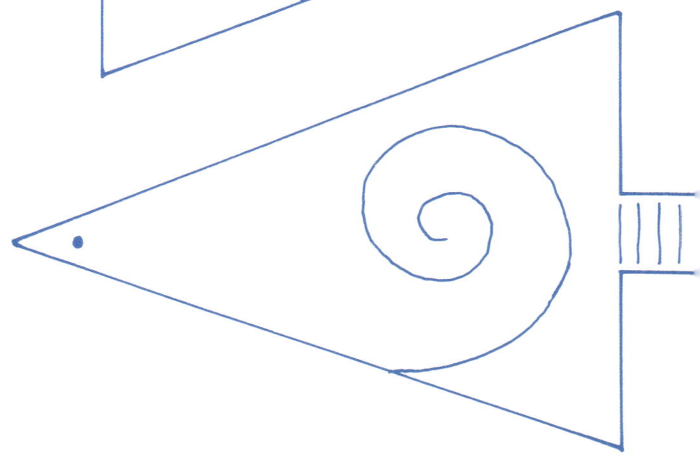

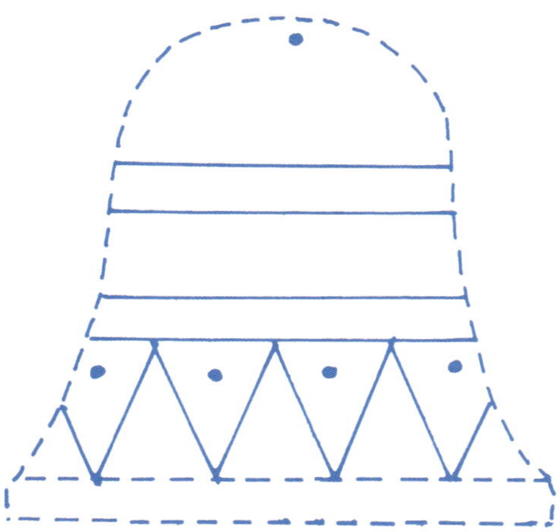

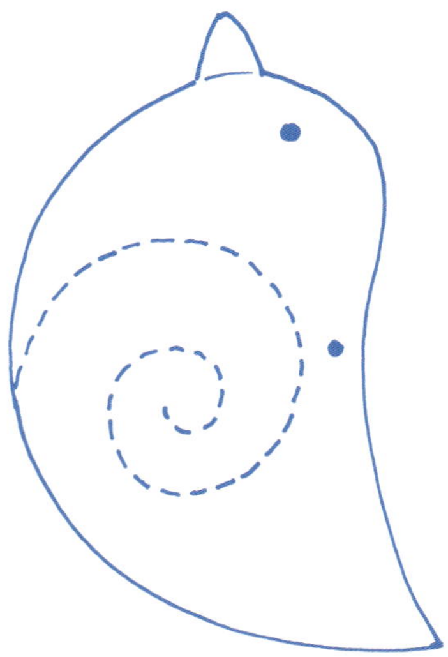

## Adventskranz
Seite 24/25

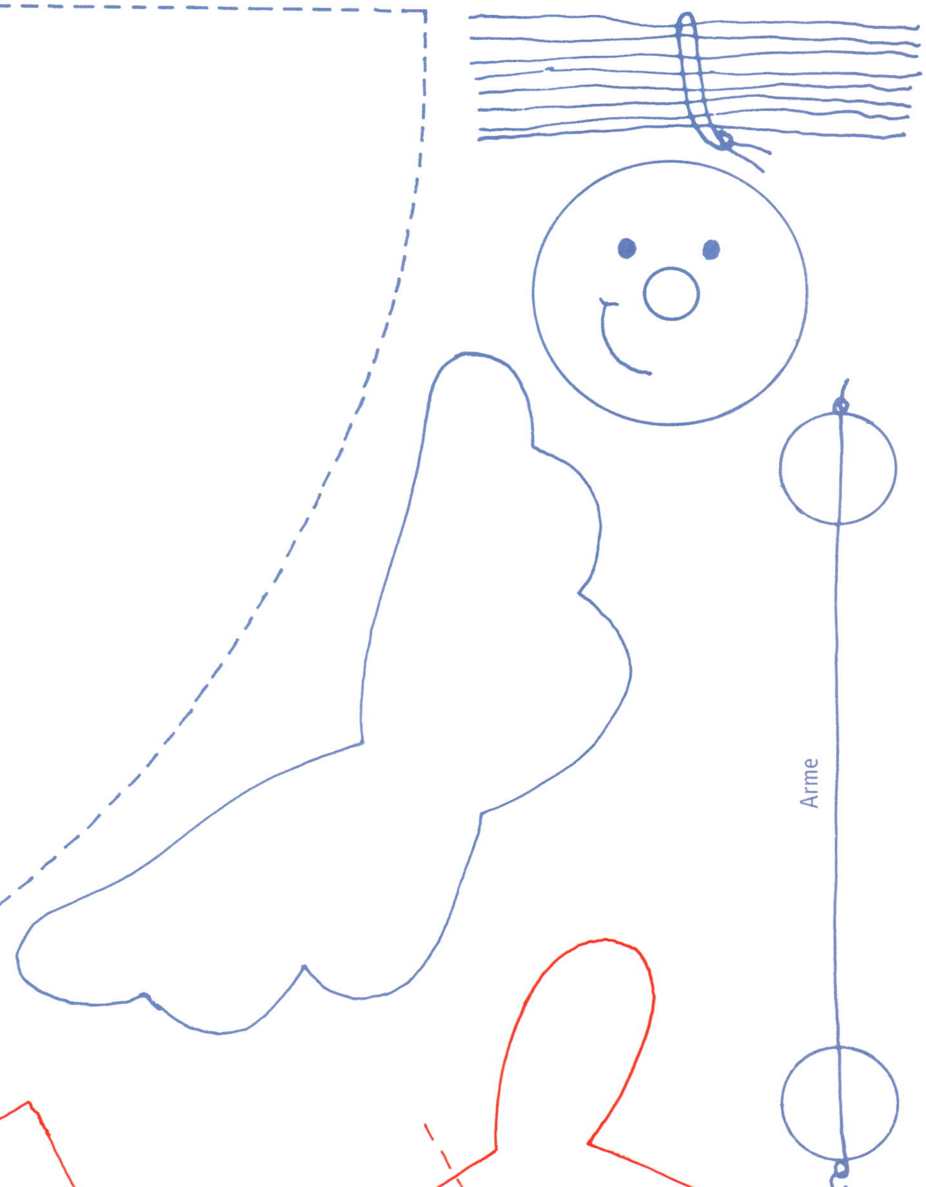

## Knuffige Keksschachteln
Seite 64/65

## Vielfältige Sternendeko

Seite 34/35

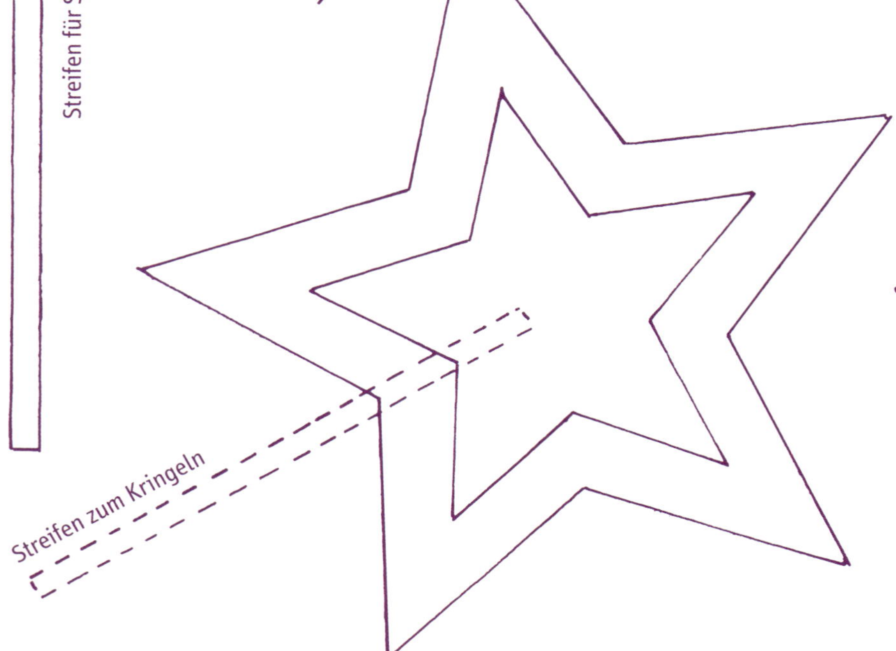


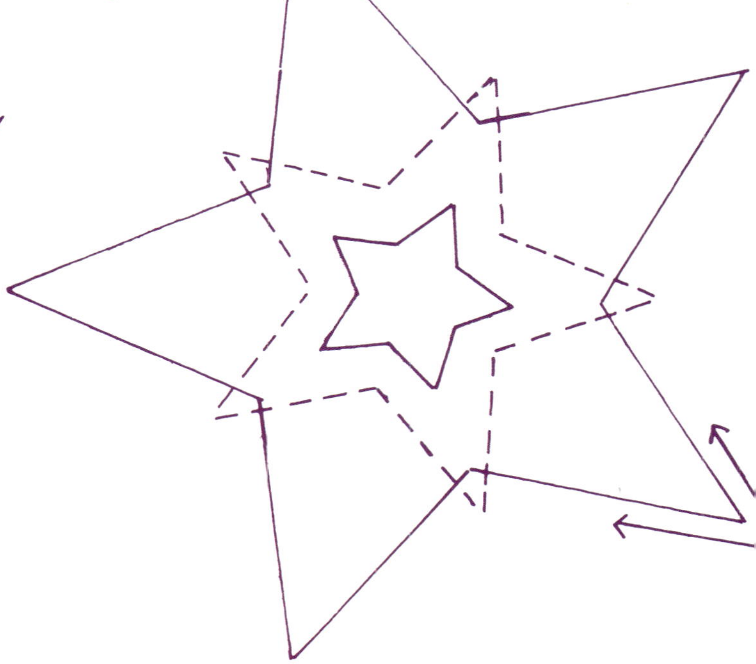

Streifen für Hexentreppe Schornsteinfeger
Schöne Baumkugeln
Seite 20/21
Beine 2 x
Arme 2 x
2 x
Kragen
Lustige Glücksbringer
Seite 86/87
Pilzhut
Streifen für Hexentreppe Pilz
Kleine Filzdekorationen
Seite 32/33
Streifen zum Kringeln

## Engel aus Holz
Seite 22/23

## Fröhlich-bunte Krippenfiguren
Seite 46/47

WELCOME
2 x
2 x

**Edle Lichterhüllen**

Seite 14/15

## Weihnachtslaterne
Seite 50/51

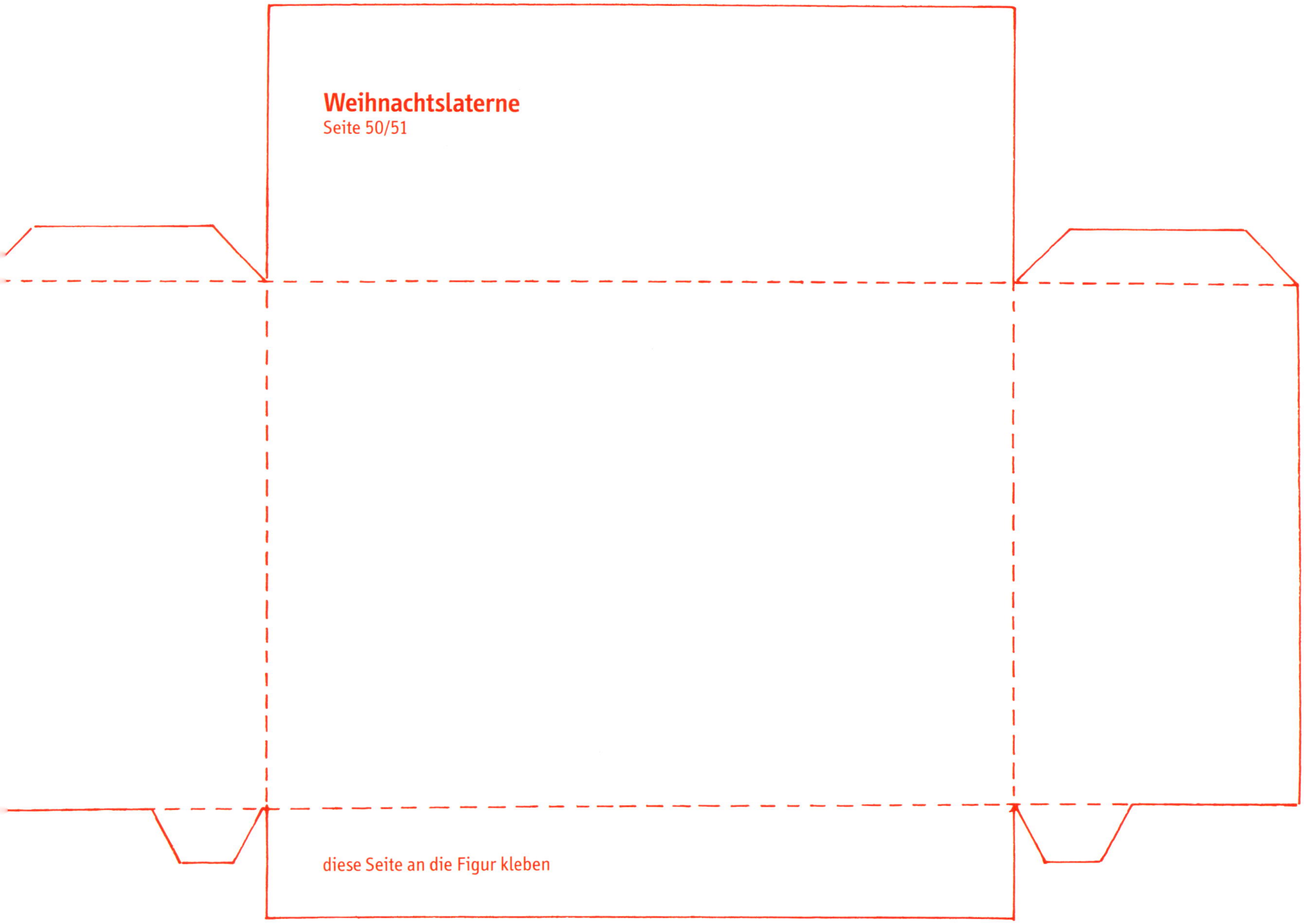


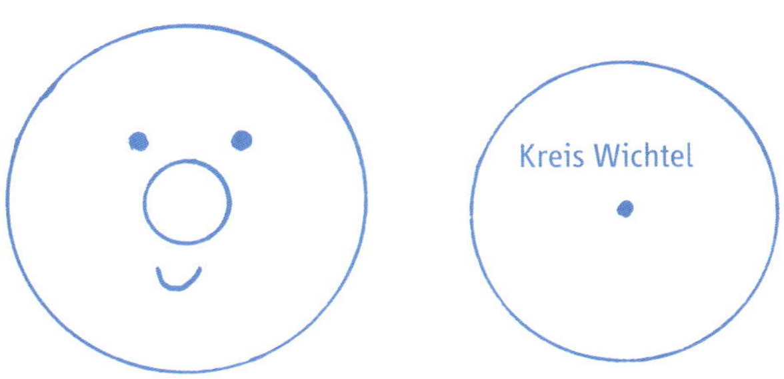


## Kuschelige Filzanhänger
Seite 54/55

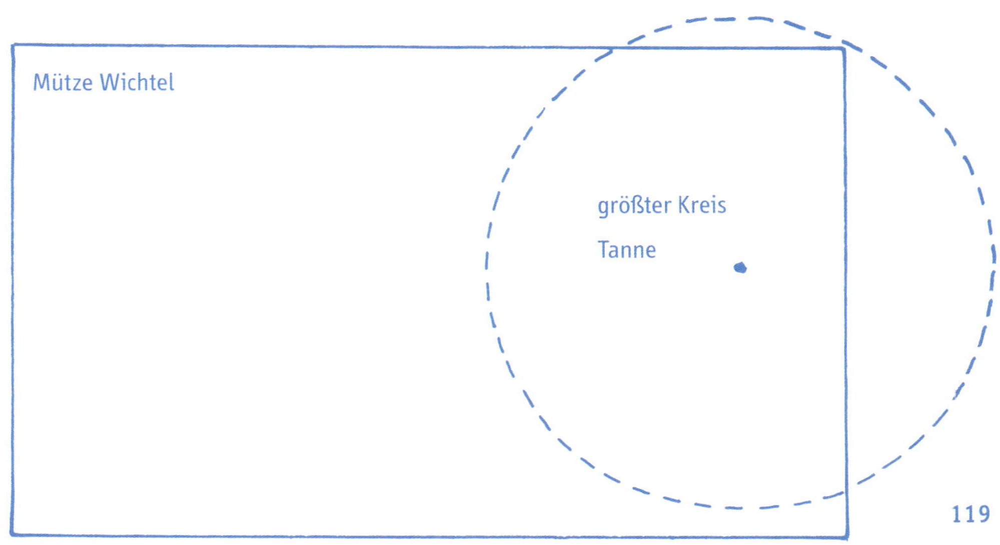

## Weihnachtslaterne

Seite 50/51

## Heiteres Engelchen

Seite 42/43

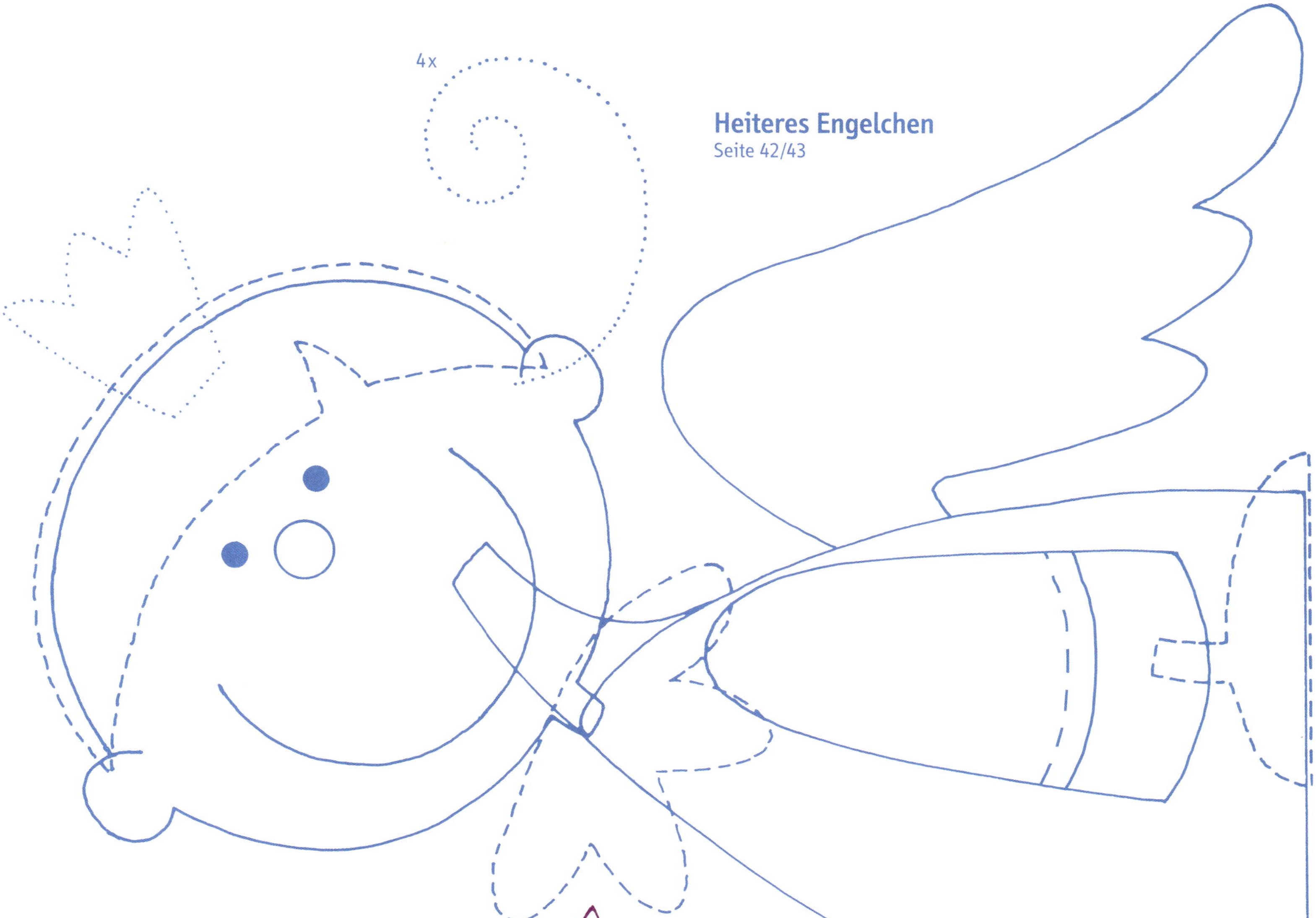


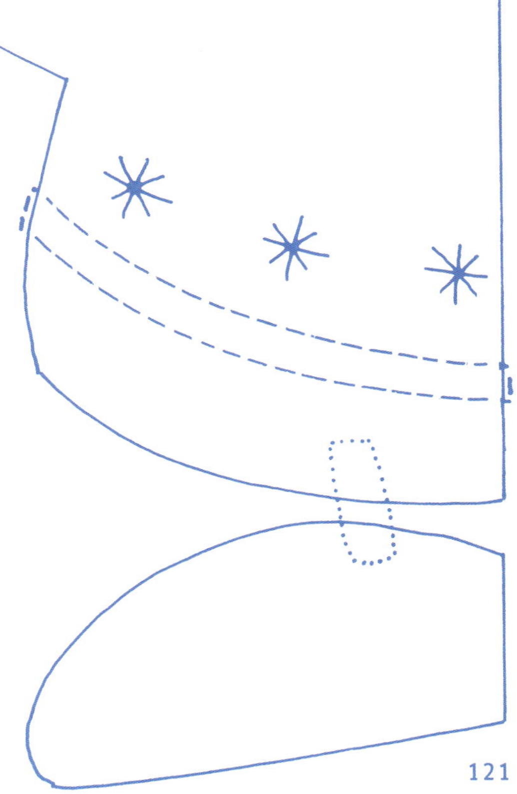

## Witzige Fingerdrucke

Seite 66/67

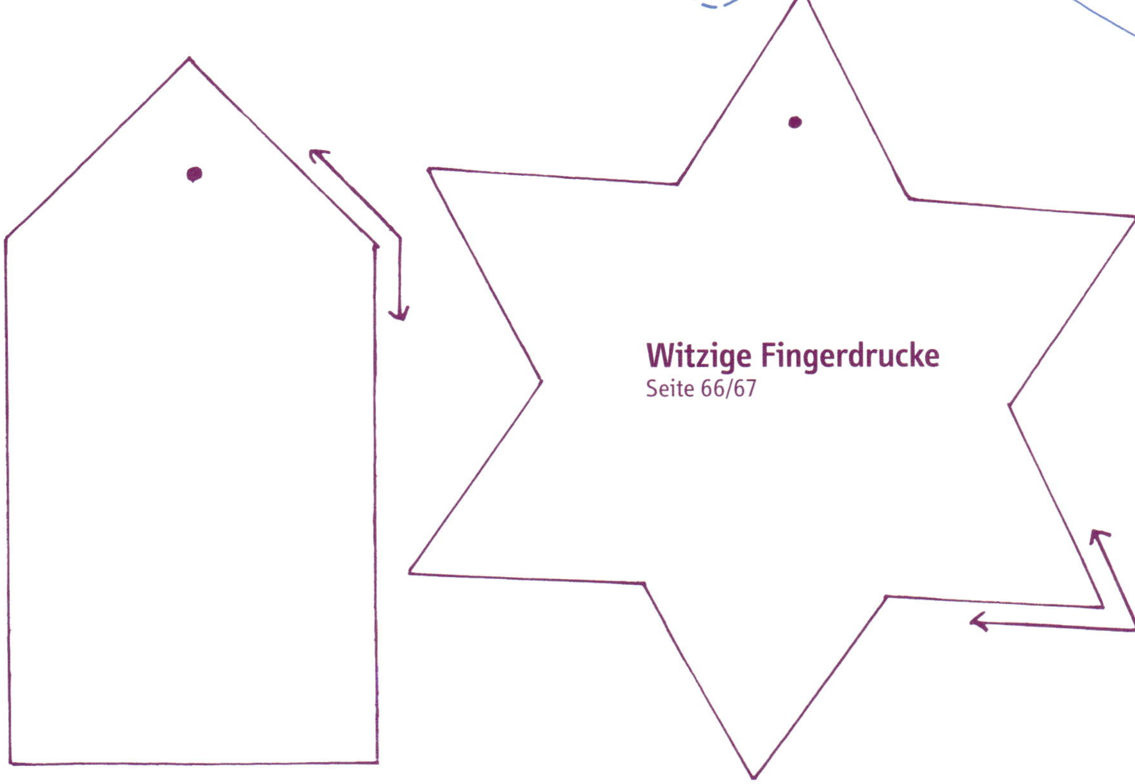

**Bunte Anhänger**
Seite 18/19

## Silvesterkette

Seite 88/89

## Bunter Baumschmuck

Seite 72/73

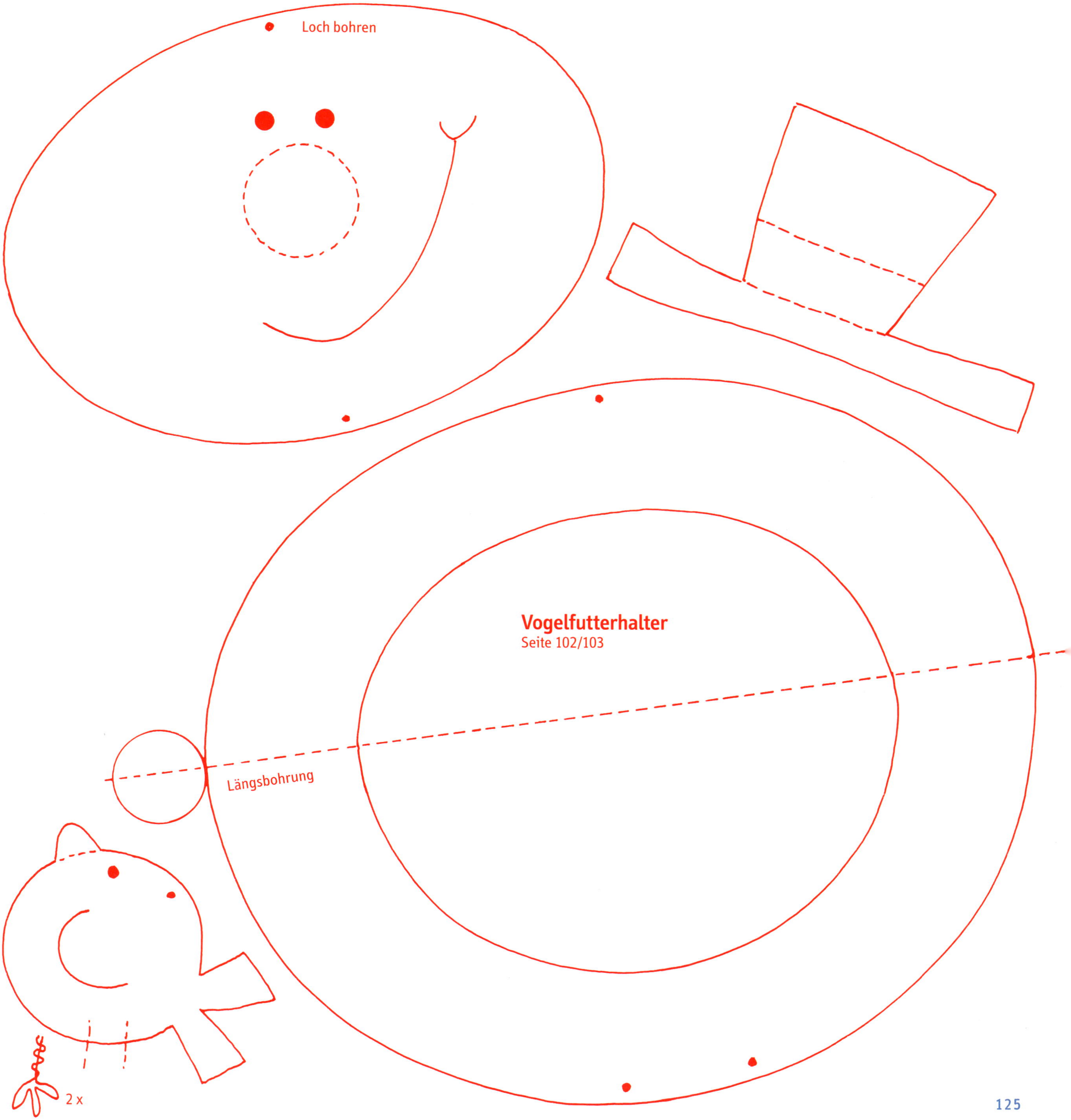
Loch bohren
Vogelfutterhalter
Seite 102/103
Längsbohrung
2 x

## Leckere Glücksbringer
Seite 90/91

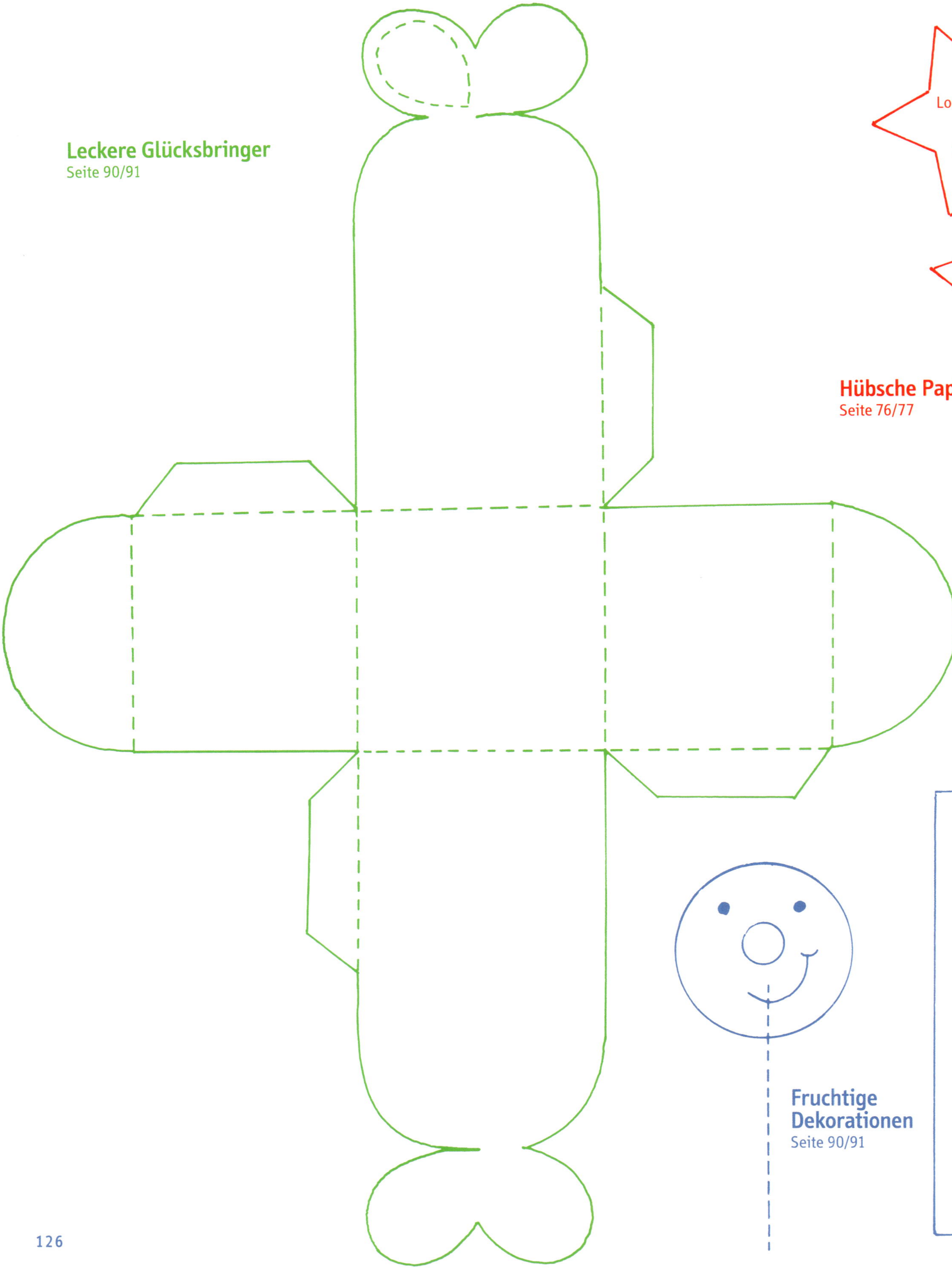

## Hübsche Papierkugeln
Seite 76/77

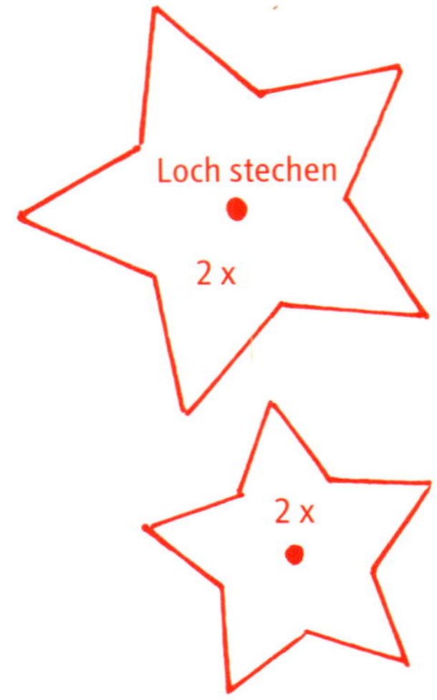


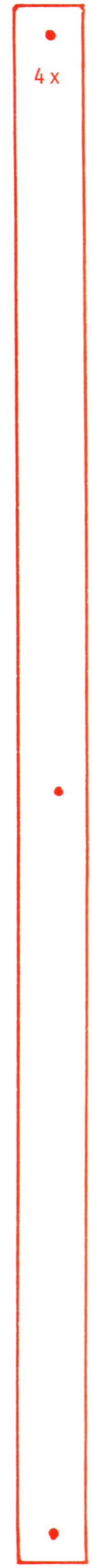


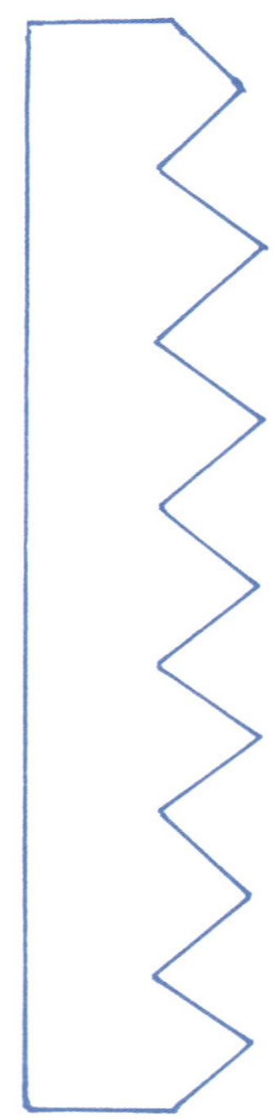

## Fruchtige Dekorationen
Seite 90/91

**Kleine Geschenke**
Seite 78/79

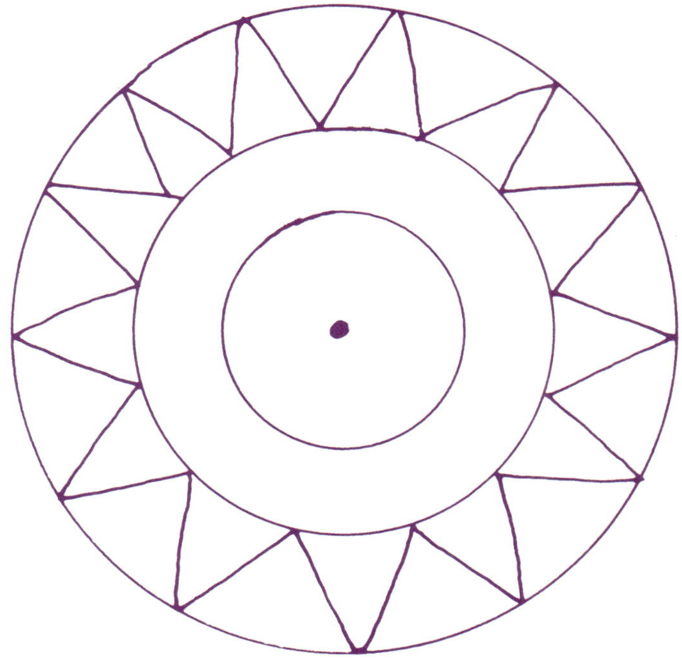

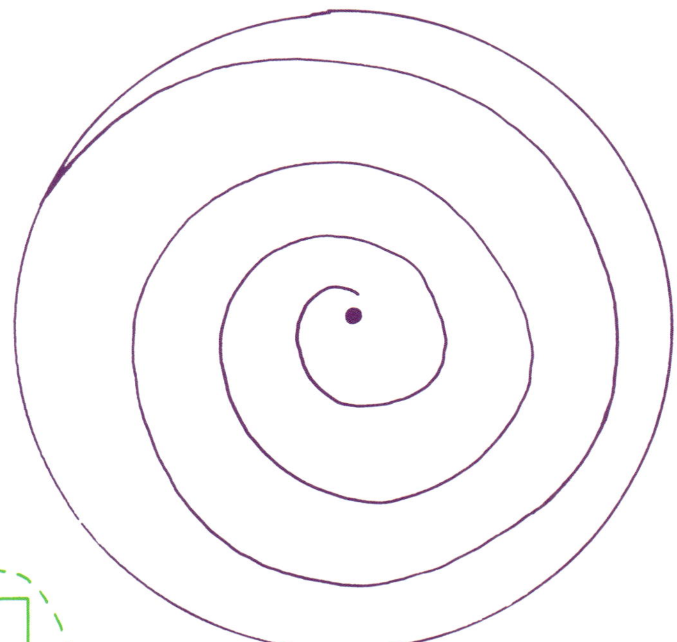

Streifen zum Kringeln

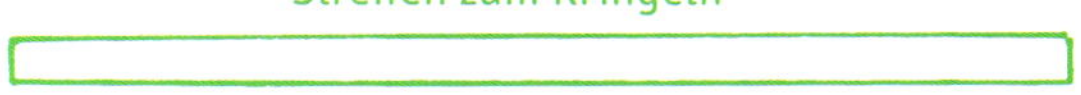

**Fröhliche Klemmentinis**
Seite 92/93

## Schön verzierte Kerzen
Seite 48/49

## Kleine Geschenke
Seite 78/79

## Edle Geschenke
Seite 74/75

## Weihnachtskarten
Seite 80/81

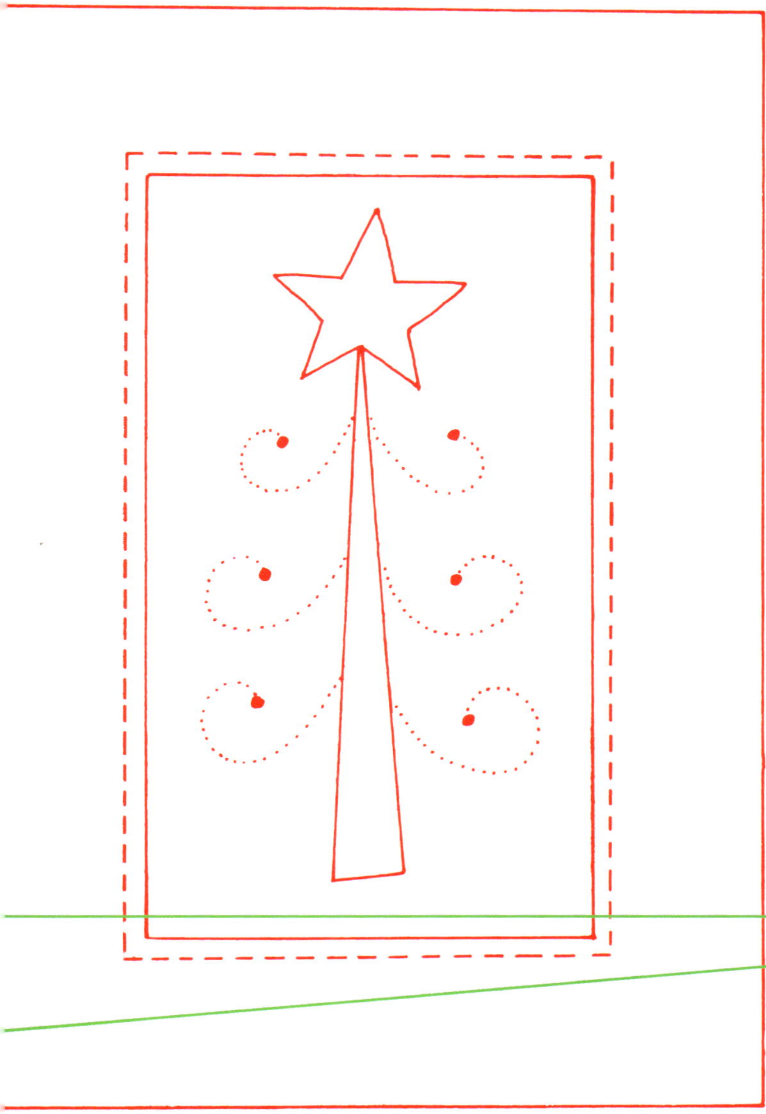

Form für goldene
und grüne Tanne

## Glitzernde Geschenke
Seite 82/83

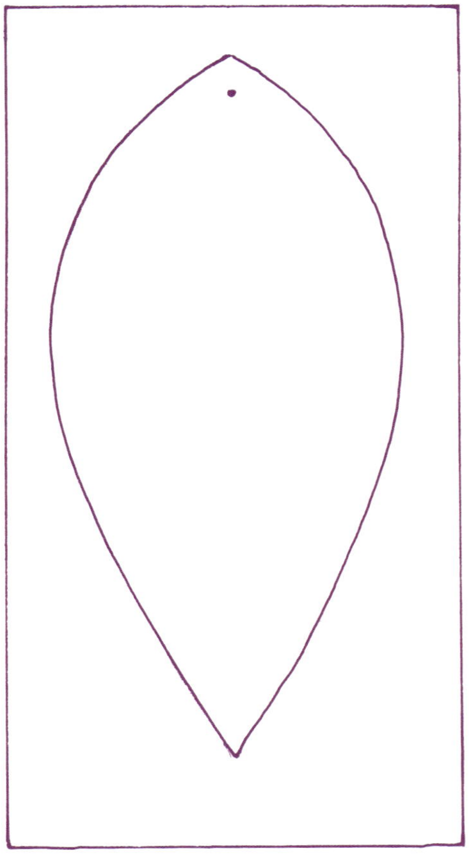
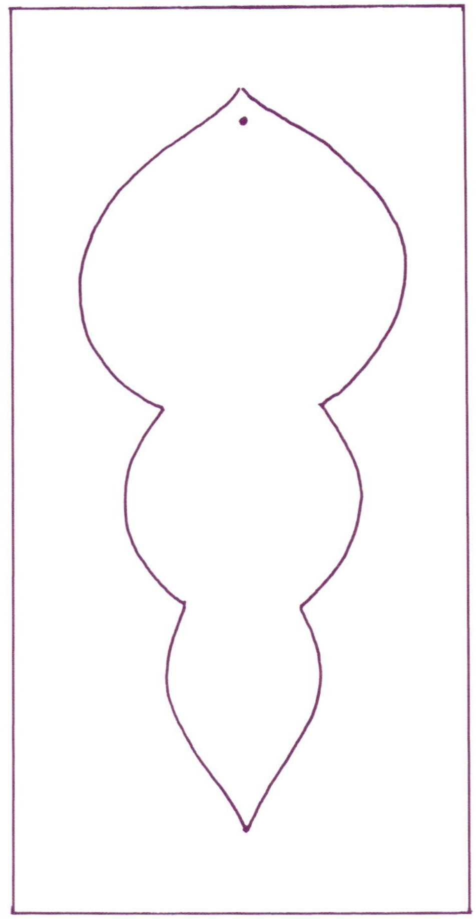
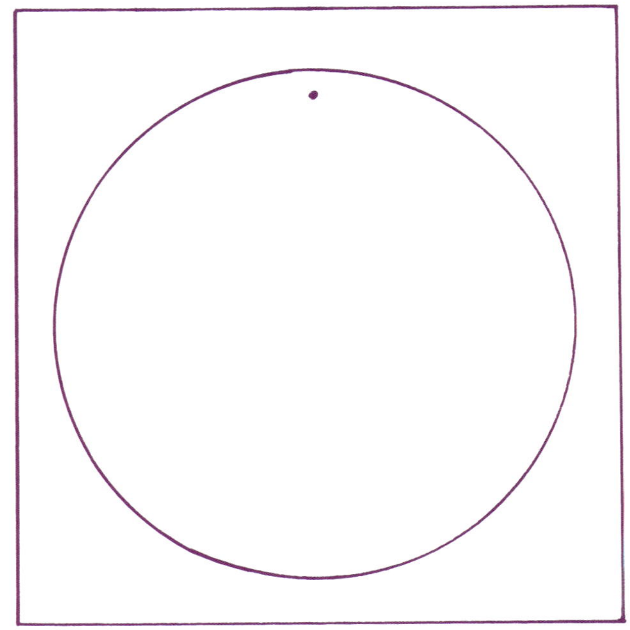
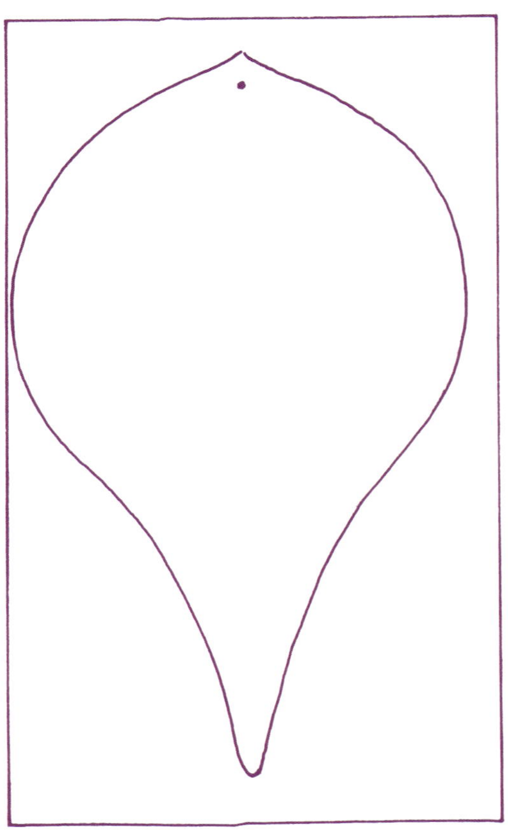
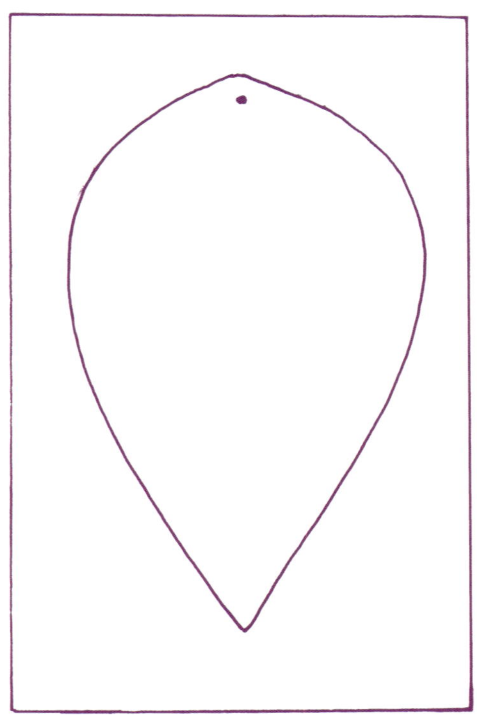
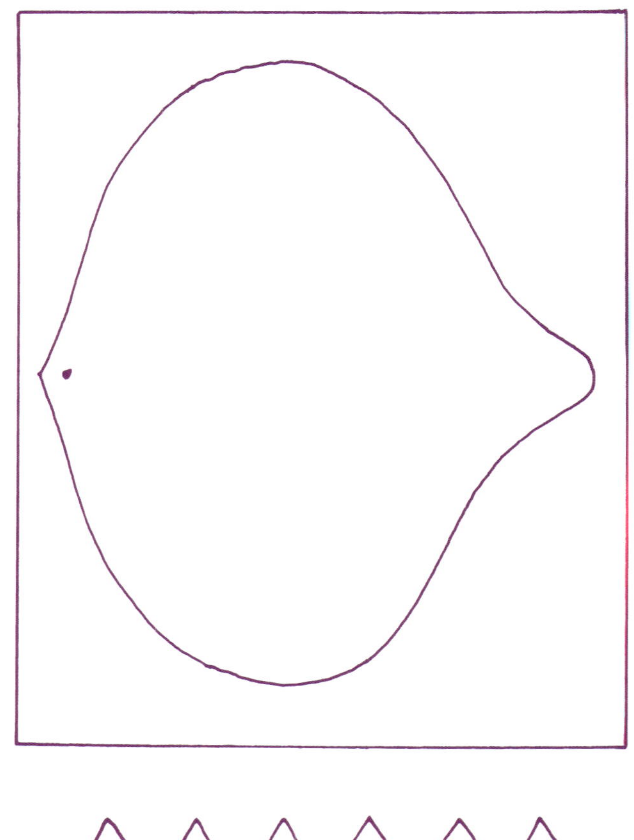

**Schillernde Anhänger**
Seite 68/69

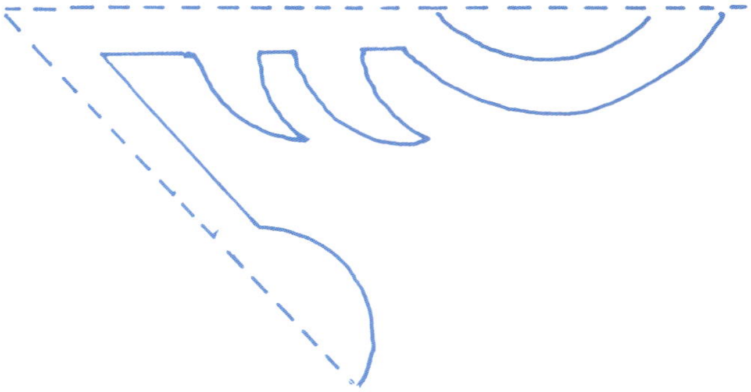

Faltkanten

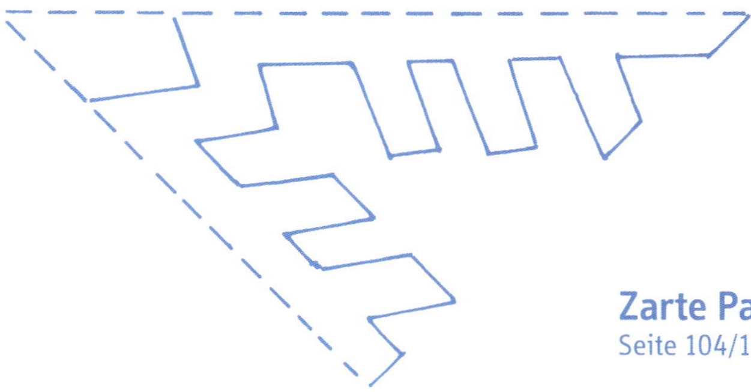

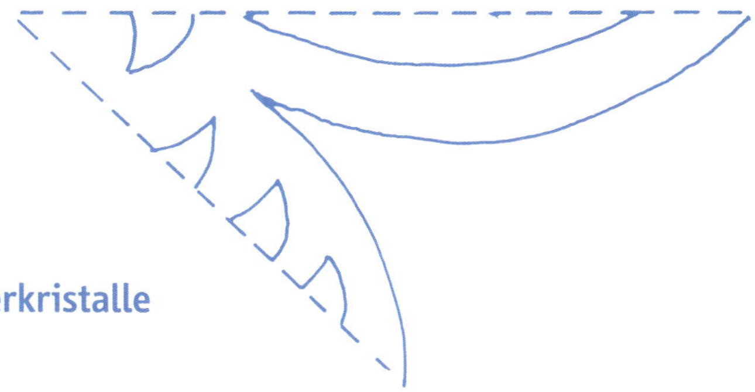

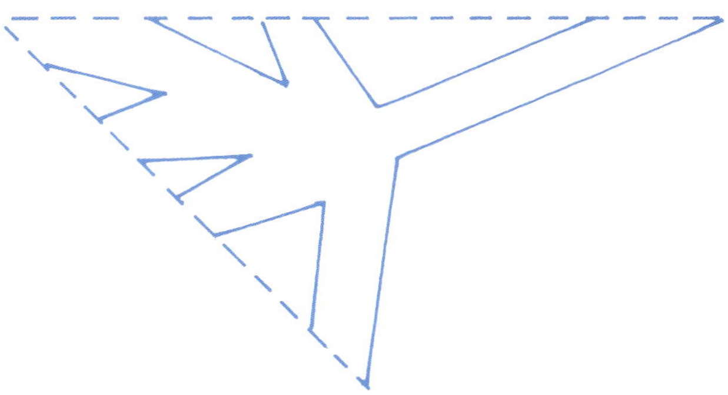

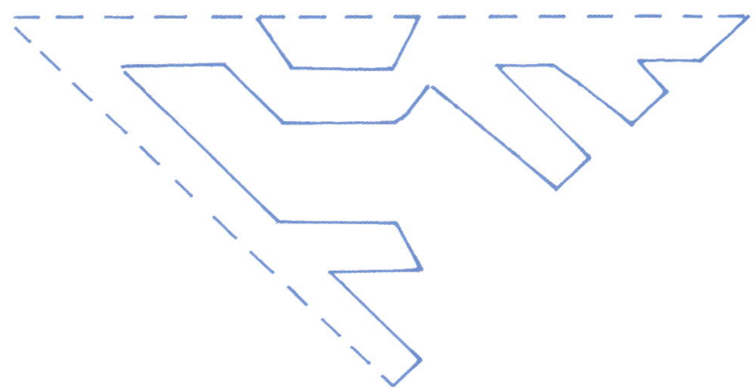

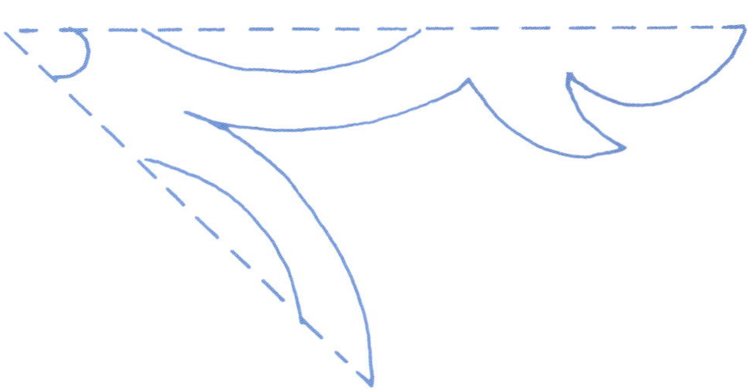

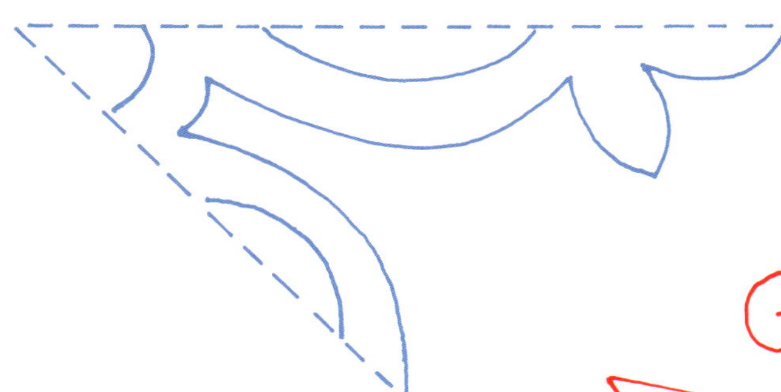

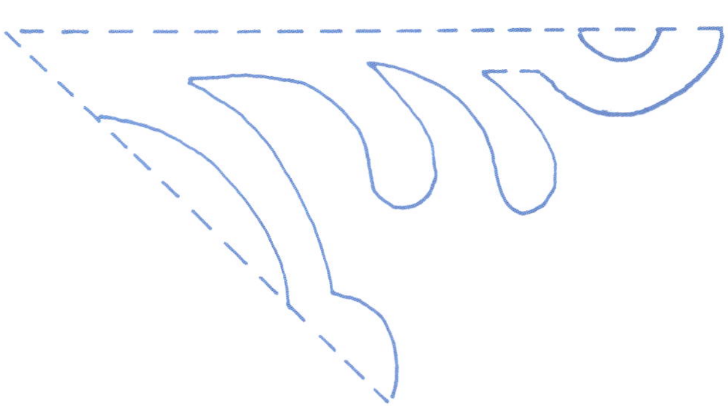

## Zarte Papierkristalle

Seite 104/105

Streifen zum Kringeln

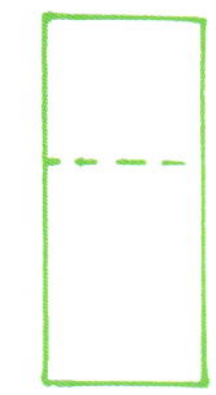

Lasche Streichholzschachtel

## Neujahrsgeschenke

Seite 94/95

## Edle Lichterhüllen

Seite 14/15

## Lebkuchenhaus

Seite 62/63

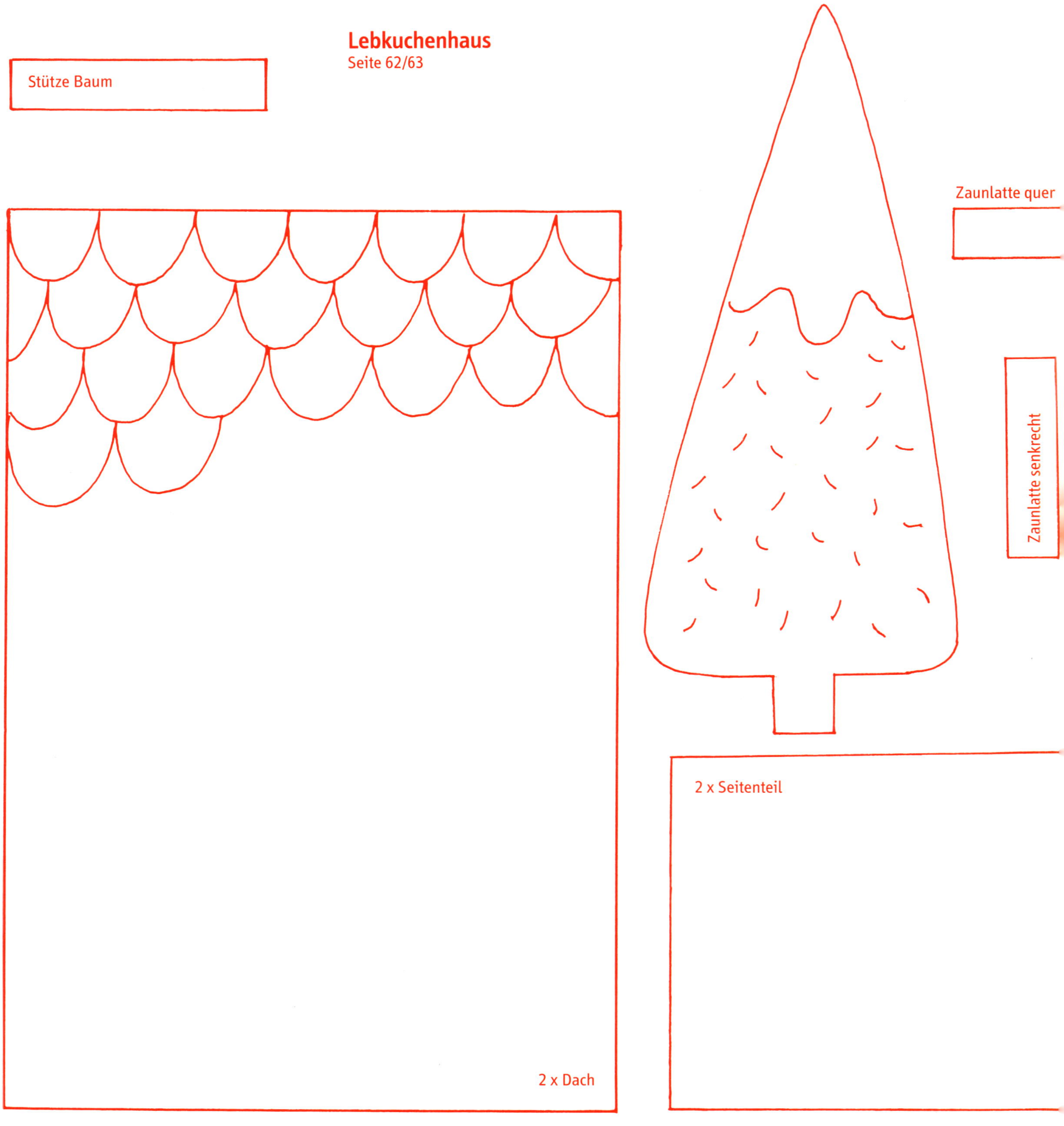

## Lebkuchenfiguren

Seite 60/61

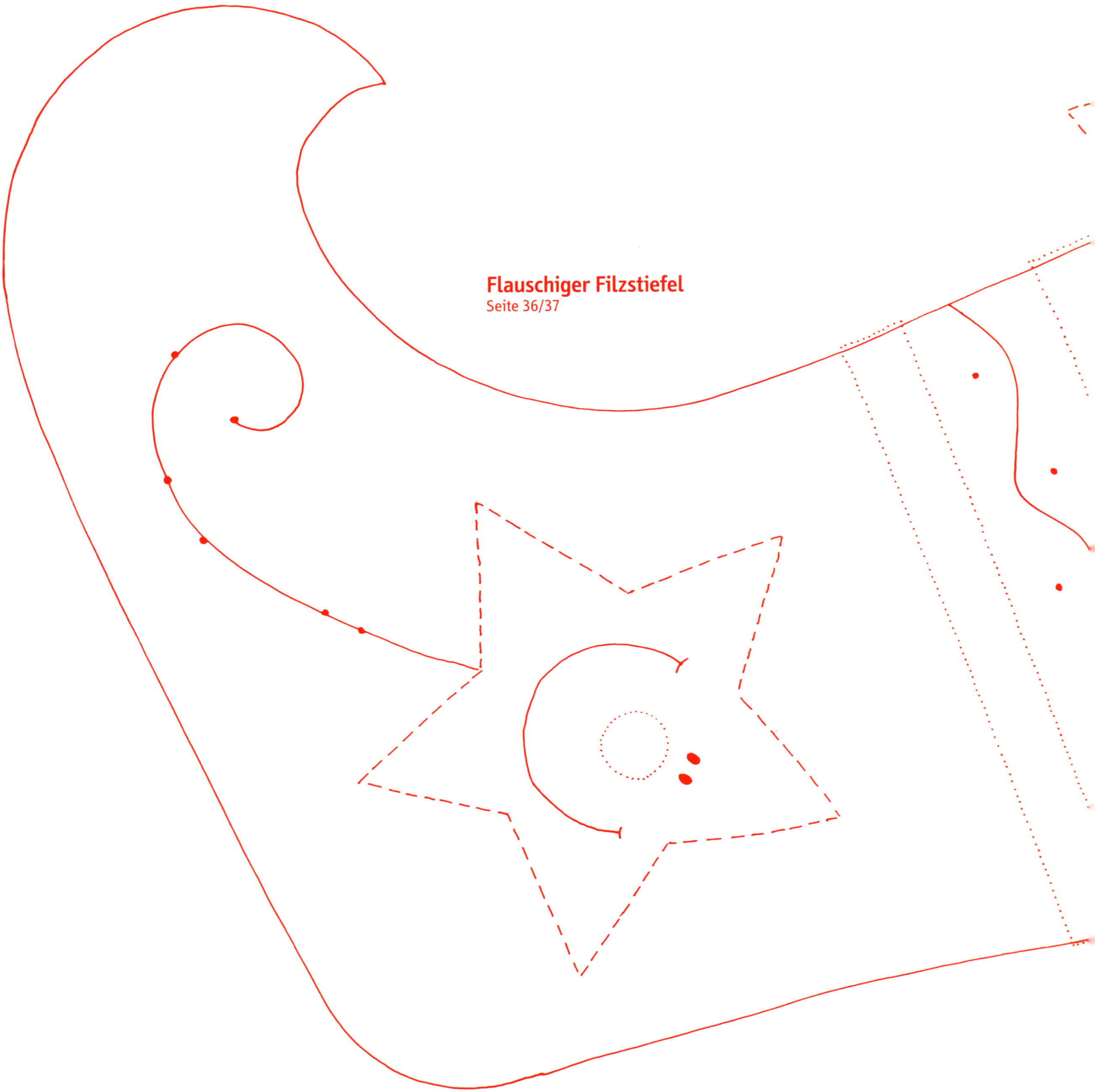

**Flauschiger Filzstiefel**
Seite 36/37

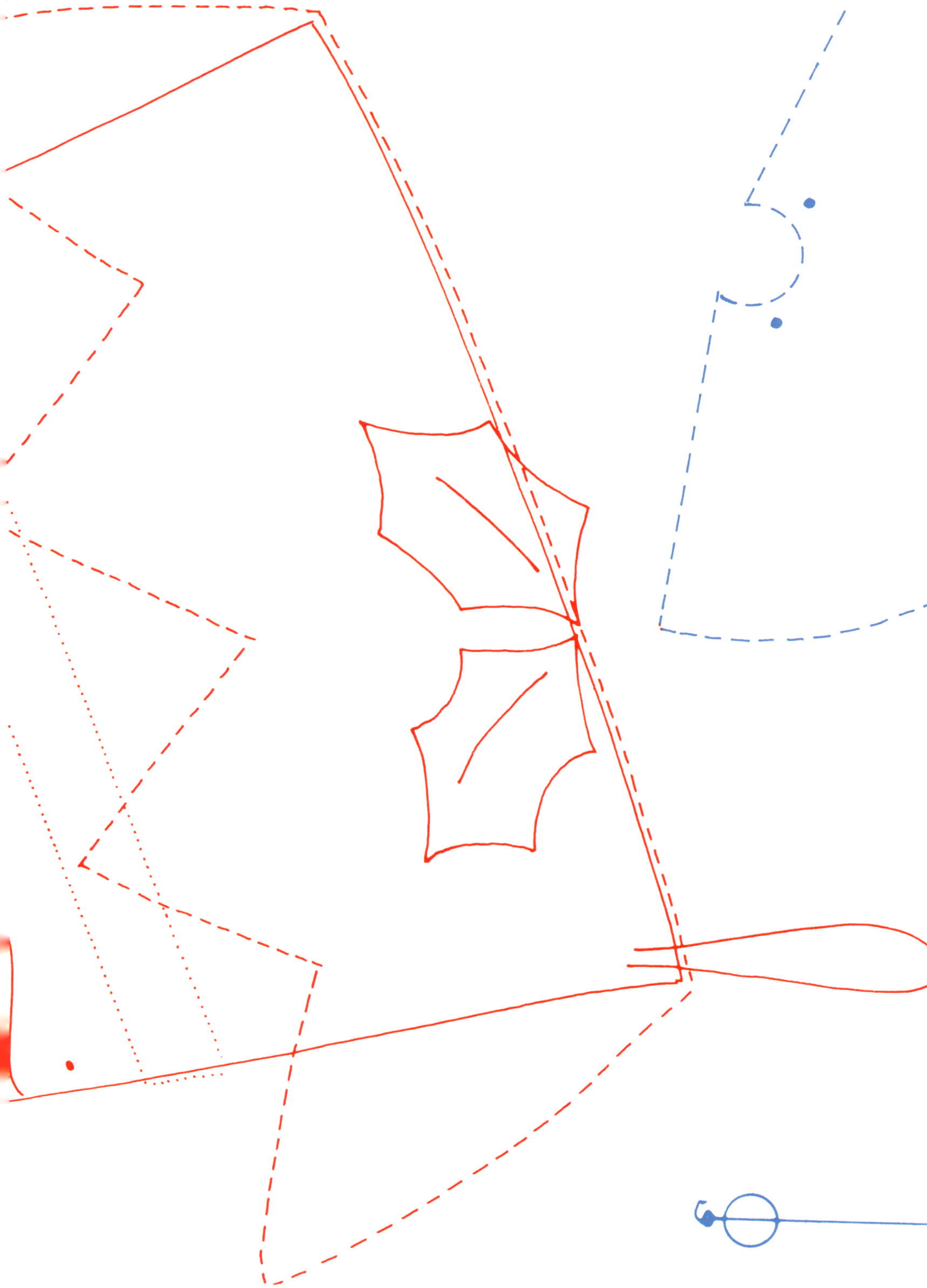

## Engelchen

Seite 30/31

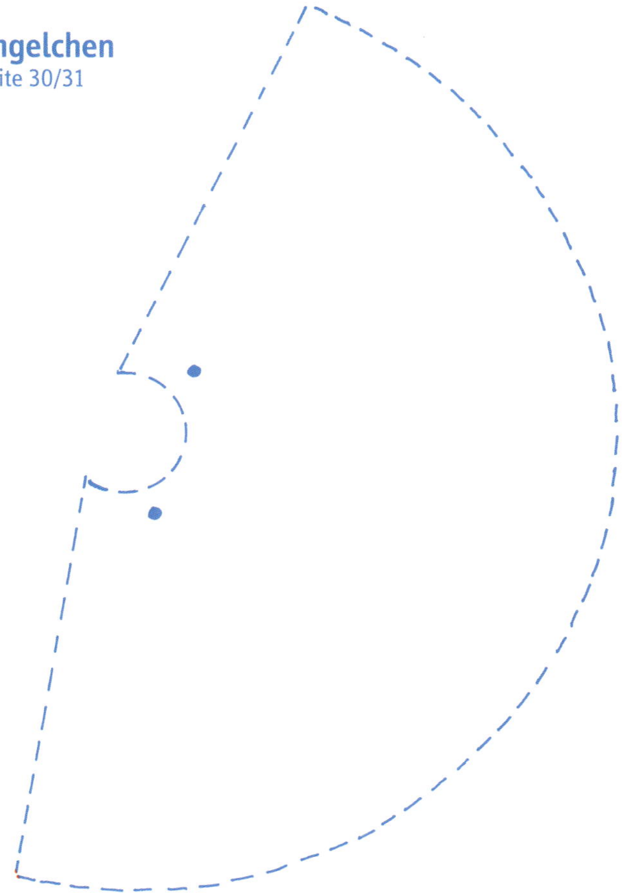

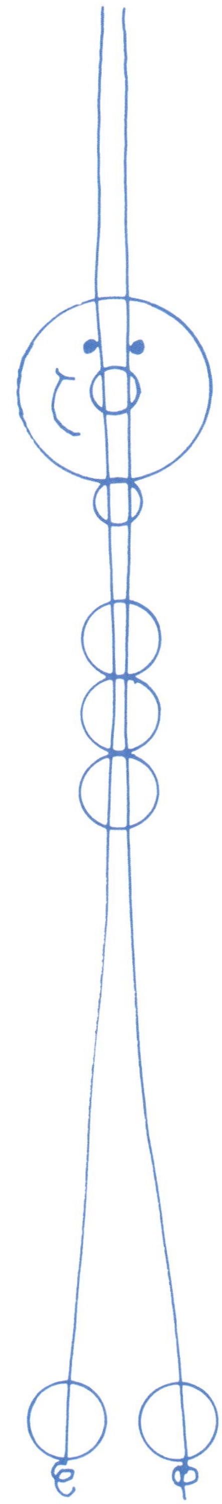

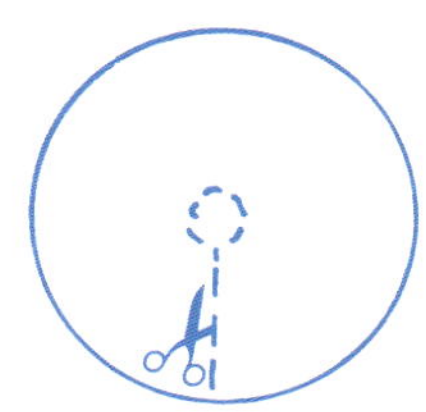

2 x (Arme)

## Engel (Vorwort)

Seite 5

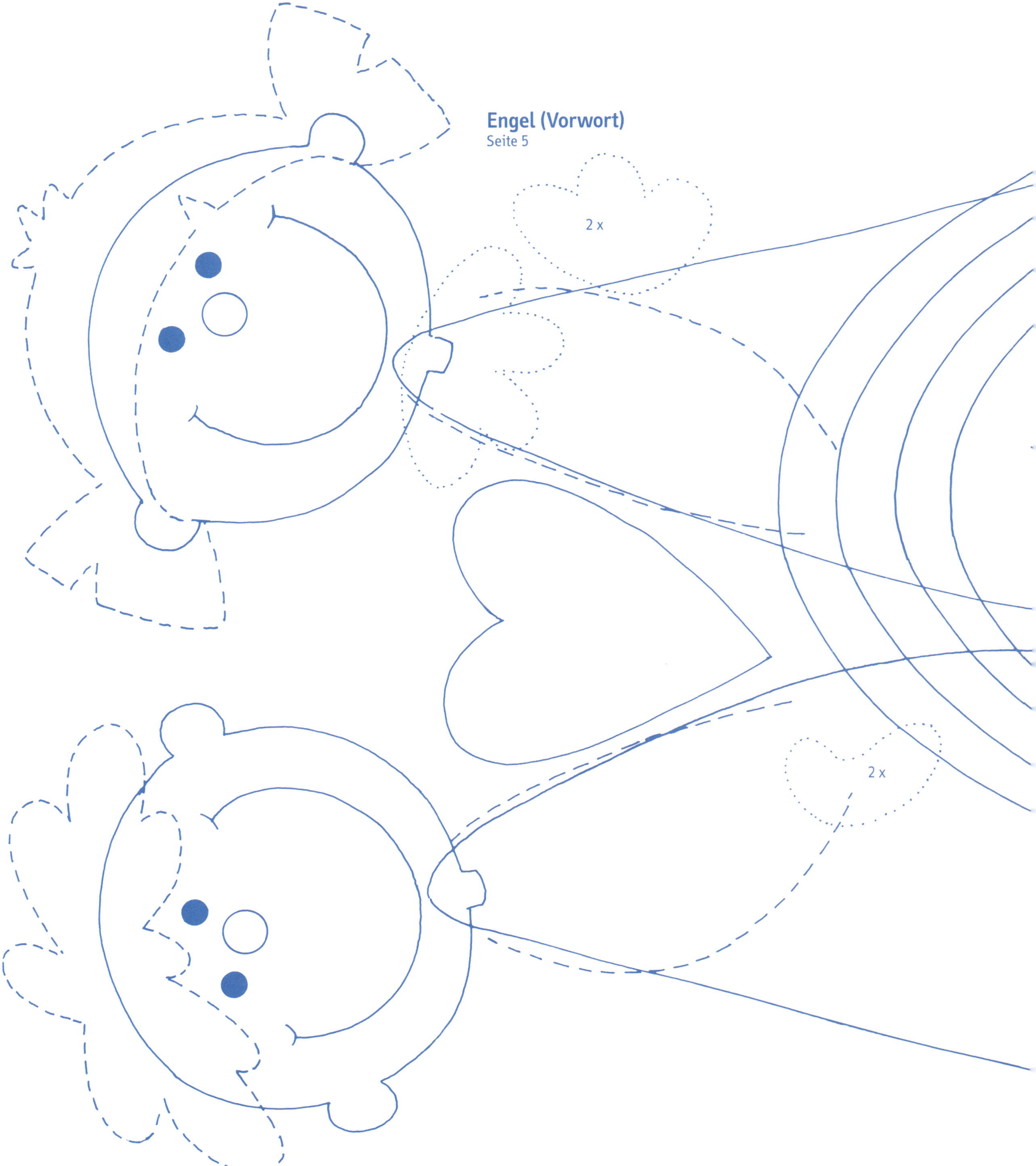

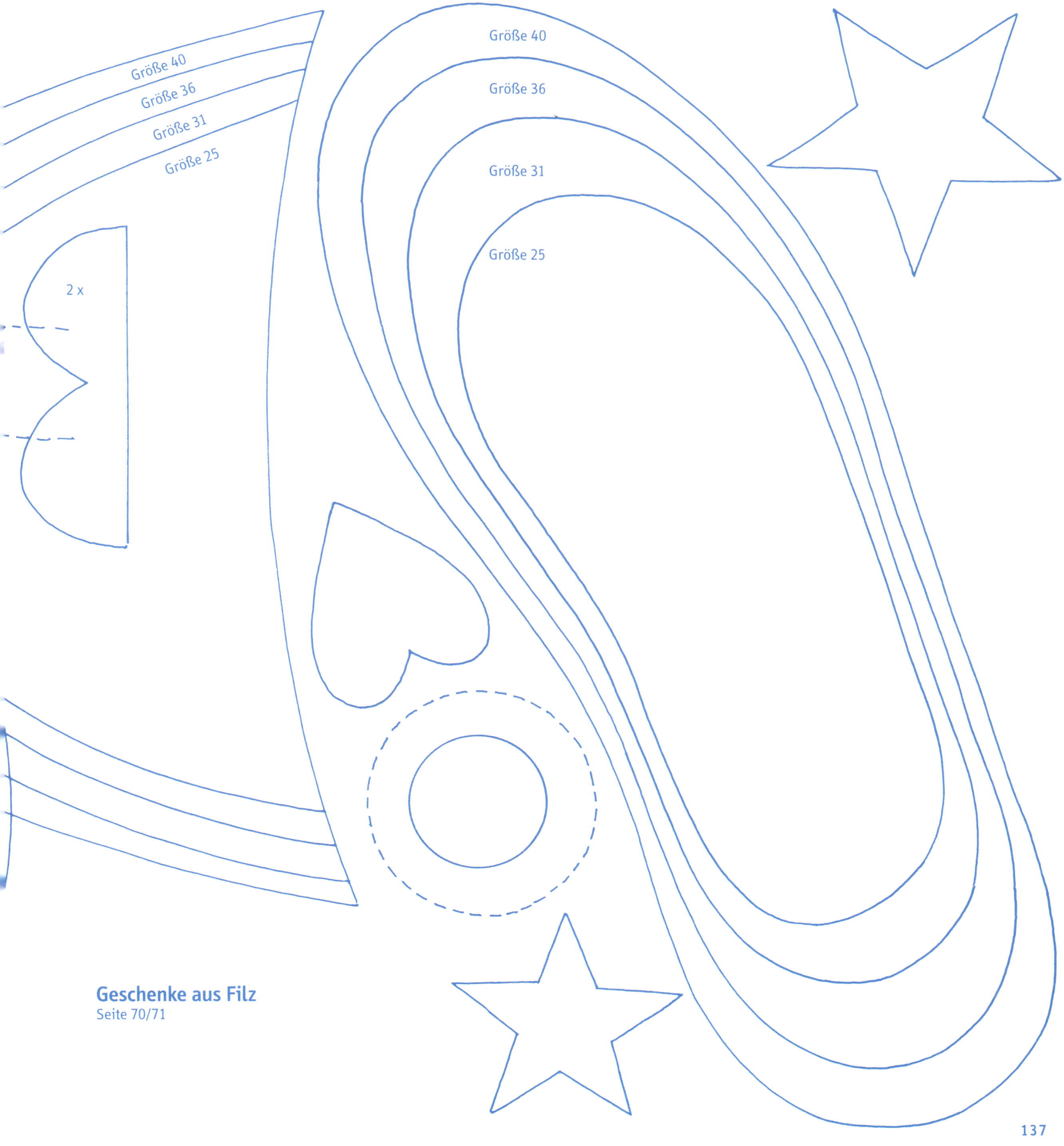


**Geschenke aus Filz**
Seite 70/71

## Fuchs und Hase

Seite 106/107

# 7 x 7 – Der Geschenke-Blitzfinder

## Für Mama



## Für Papa



## Für Großeltern



## Für Schwestern und beste Freundinnen

## Für Brüder und beste Freunde



## Geschenkverpackungen & Karten



## Weihnachtsbaumschmuck

# Pia Pedevilla unterstützt burmesische Flüchtlingskinder

Seit 2010 bin ich Schulpatin von 50 kleinen burmesischen Flüchtlingskindern, die an der thailändischen Grenze leben. Die Hilfsorganisation „Helfen ohne Grenzen" hat dort Schulen errichtet und ermöglicht 2.500 Kindern einen regelmäßigen Schulbesuch sowie 4.500 Kindern eine gesunde Verpflegung. So wird den unterprivilegierten Kindern eine bessere Zukunft ermöglicht. Auch Sie können helfen. Weitere Informationen erhalten Sie unter www.helfenohnegrenzen.org.

## DANKESCHÖN!

Ich danke meiner Lektorin Monique Rahner,
die mich und das gesamte Buchprojekt mit Fachkenntnis und guten Ideen betreut hat.

Lieben Dank an Grafikerin Caroline Renzler für die kreative Umsetzung
und herzlichen Dank an Fotograf Michael Ruder für die stimmungsvollen Fotos.

Ein großes Dankeschön an meine Mama, die sich mit viel Geduld und Liebe
um mein Wohlergehen gekümmert hat.

Sehr dankbar bin ich der Lehrerin Irene mit ihren 10-jährigen Schülern
aus St. Vigil in Enneberg für die schönen Filzkugeln.

Vielen Dank an Margit und Filomena, die mir bei den Lebkuchen- und
Salzteigbasteleien geholfen haben. Einen ganz lieben Dank an
Verena für die wunderschönen Stickereien.
Ein Dankeschön an Alfred für das Aussägen der Holzmotive.

Meinen Models Alexander, Maria, Sara, Teresa und Tobias danke ich für die schönen
Fotos. Fabian, Sara, Linda und Anna danke ich fürs Mithelfen
beim Schneemannbauen und Paul und Gabriel für die schönen Fotos davon.

Herzlichen Dank an meine Freunde Lena, Anna, Silvia, Donatella, Luisa und Renate,
die mich immer unterstützt haben, wenn die Zeit knapp wurde.

Pia Pedevilla, ladinischer Muttersprache, lebt in Bruneck (Südtirol/Italien). Sie studierte Kunst in Gröden und Werbegrafik in Urbino. Viele Jahre hat sie in der Mittelschule technische und Kunsterziehung unterrichtet. Heute leitet sie Fortbildungskurse für Lehrer und interessierte Erwachsene.
Seit Jahren ist sie im Bereich der Illustration und des Designs für Kinder tätig. Anfang der 1990er-Jahre hat sie zusammen mit dem argentinischen Cartoonisten Guillermo Mordillo mehrere Holzspielzeug-Kollektionen realisiert. Seitdem veröffentlicht sie Bastelbücher und entwirft Holz- und Stoffspielzeug, didaktische Spiele für Kinder im Vorschulalter, Lichtobjekte und Teppiche.
Im frechverlag sind zahlreiche Bücher über verschiedene Arbeitstechniken von ihr erschienen.
Mehr über Pia Pedevilla, ihre Arbeit, ihr aktuelles Kursangebot und neue Bücher erfährst du im Internet unter www.piapedevilla.com

Die Autorin dankt den Firmen Bähr (Kassel), efco (Rohrbach), Heyda (Hagen), KnorrPrandell (Lichtenfels), Rayher (Laupheim) und UHU (Bühl) für die Bereitstellung der Materialien.

## IMPRESSUM

FOTOS frechverlag GmbH, 70499 Stuttgart; lichtpunkt, Michael Ruder, Stuttgart (Modelle Seite 5, 9, 12/13, 15, 16/17, 20/21, 22/23, 24/25, 27, 28/29, 30/31, 32/33, 37, 38/39, 43, 44/45, 46/47, 49, 51, 53, 55, 58/59, 65, 68/69, 70/71, 75, 77, 78/79, 80/81, 82/83, 86/87, 88/89, 90, 99, 100/101, 102/103, 106/107, 109), Lorenzo Perego, Bruneck, Italien (Seite 144), Franciscus Opdien, Genua, Italien (Seite 142), Pia Pedevilla, Bruneck, Italien (alle anderen)

KONZEPT, PRODUKTMANAGEMENT, LEKTORAT: Monique Rahner, Stuttgart

GESTALTUNGSKONZEPT: Pia Pedevilla, Bruneck (Italien)

GESTALTUNG: Dipl. Ing. (FH) Caroline Renzler, Welsberg-Taisten (graficbuero.it)

DRUCK UND BINDUNG: Himmer AG, Augsburg

PRINTED IN GERMANY



2. Auflage 2012



ISBN 978-3-7724-5732-6
Best.-Nr. 5732

Mehr über das Buch und die Autorin erfährst du im Internet unter
www.alles-ist-zum-basteln-da.de
und
www.piapedevilla.com